A PRESTO! – DAS WIEDERSEHEN MIT FRANCESCA

von Massimo Marano

Langenscheidt

Projektmanagement: Majka Dischler
Lektorat: Petra Henke

1. Auflage 2022

www.langenscheidt.com

Satz: Datagroup Int. SRL, Timisoara
Druck: Multiprint GmbH, Kostinbrod

ISBN: 978-3-12-563555-5

ÜBER DEN AUTOR

MASSIMO MARANO

Der gebürtige Römer lebt und arbeitet derzeit in München. Nach einem Sprachenstudium folgte eine langjährige Tätigkeit als Übersetzer und Dozent für Italienisch. Über viele Jahre hinweg war er verantwortlich für die Italienisch-Redaktion in einem Sprachenverlag. Hier betreute er u.a. ein wöchentliches Online-Magazin und schrieb über aktuelle Themen in Italien. In dieser Zeit entwickelte er die ersten Ideen für seine Kriminal- und Liebesromane, die inzwischen bei namhaften Verlagen erschienen sind.

VORWORT

Wie wäre es, Italienisch mithilfe einer zweisprachigen Geschichte zu lernen, die direkt aus dem echten Leben gegriffen ist?

Wie wäre es, nicht selbst nach Worten suchen zu müssen, sondern jemandem dabei über die Schulter zu schauen und aus dessen kleinen Rückschlägen, aber auch Erfolgen vor Ort zu lernen?

Um das zu erfahren, lesen Sie die amüsante Wiedersehens-Geschichte von Nico und Francesca. Begleiten Sie Nico durch viele alltägliche Situationen und Sprechanlässe, in denen er lernt, sich gut auf Italienisch auszudrücken.

Die mit einem kleinen Augenzwinkern geschriebene Ich-Erzählung auf Deutsch macht es Ihnen leicht, sich in die jeweilige Situation hineinzuversetzen. Sämtliche Dialoge im Buch sind auf Italienisch. Durch Nicos Gedanken darüber auf Deutsch können Sie den Unterhaltungen problemlos folgen. Italienische Begriffe sind **hervorgehoben** und deutsche Übersetzungen *kursiv*. So lernen Sie ganz natürlich und nebenbei die Sprache mit Nico zusammen.

Da der Italienisch-Anteil im Laufe der Geschichte zunimmt, steigern Sie sich ohne große Mühe. Probieren Sie es aus und lesen Sie los!

Wörter, die Sie nicht gleich verstehen, können Sie in der Wortliste im Anhang nachschlagen.

Viel Spaß beim Lesen!

INHALT

1. ALL'AEROPORTO

Zum Flughafen

„Buongiorno Nico, dormito bene?"

Warum begrüßte mich Antonietta, die kleine rundliche italienische Hotelwirtin, die mich die letzten zehn Tage umsorgt hatte wie eine echte Mama, jeden Tag mit dem gleichen Spruch?

„Sì, grazie. Bene."

„Allora, sei in partenza. Eh sì … tutto finisce. Come vai all'aeroporto?"

Sei in partenza, sagte sie und dann **tutto finisce**. Ja, klar: **partire** heißt doch *abfahren*. Also bedeutet **essere in partenza** so viel wie *am Abreisen sein* … interessanter Ausdruck. Das musste ich mir merken: **essere in partenza.** Ich wusste aber nicht, was **finisce** heißt. Ich überlegte und das einzige Wort, das mir dazu einfiel, war **la fine**, *das Ende*. **Tutto finisce** musste also heißen *alles hat ein Ende*. Ich erinnerte mich, wie alles anfing. Als ich Francesca zum ersten Mal am Strand während meines Urlaubs in Süditalien sah und hörte, wie sie mit ihrer Mutter telefonierte: „Ciao, mamma, sì qui tutto bene. Ho capito. Ci vediamo dopo, ciao." Es war so witzig, wie wir ins Gespräch kamen, bzw. sie sprach und ich versuchte zu verstehen. Ich sagte nur: „Sono tedesco, sono di Monaco." Das ließ Francesca glauben, ich könne perfekt Italienisch und sie fing an, mit mir zu sprechen, als ob ich Italiener wäre … Ich denke schon, dass wir uns sofort sympathisch waren. Sie ging dann mit mir in das Restaurant ihrer Cousine nach Acciaroli, einem kleinen Ort am Meer. Dort lernte ich einen Teil ihrer Familie kennen. Ich erlebte **una serata simpatica,** wow! Den Abend werde ich nie vergessen … Bei unserem Ausflug nach Palinuro erzählte sie mir, dass sie am Sonntag, also gestern, Geburtstag habe und mich unbedingt dabeihaben wollte. Und was hat sie daraufhin gemacht? **Un cambio di prenotazione,** ja *eine Umbuchung* meines Rückflugs. Einfach so. Und nun sagte mir Antonietta, dass **tutto finisce.** Francesca würde mich aber bald in München besuchen kommen, und ich freute mich riesig darauf.

Ich antwortete nur: „Sì, oggi parto. Francesca mi accompagna all'aeroporto. Lei viene adesso qui."

In diesem Moment merkte ich, dass ich etwas gesagt haben musste, das komplett daneben war: **lei viene adesso qui**. Ich wiederholte den Satz in Gedanken und realisierte, dass er sich irgendwie komisch anhörte.

„Ah, con Francesca, certo. Quindi lei viene tra poco." Antonietta hatte den Satz richtig gesagt und mich somit charmant korrigiert.

Ich antwortete: „Sì, tra un'ora."

„A che ora c'è l'aereo?"

„Alle diciotto e venti", antwortete ich stolz. Ich konnte *nach zehn Tagen* in Italien, **dopo dieci giorni**, inzwischen die Uhrzeit nennen, ohne groß überlegen zu müssen.

„E poi a che ora arrivi a Monaco?"

„Arrivo stasera alle otto."

„Ah beh, non è poi un viaggio così lungo. Allora, ti porto un cappuccino, un cornetto e un po' di pane con la marmellata di fichi. Va bene?"

„Sì, grazie, Antonietta."

Es dauerte nur ein paar Minuten und schon hatte ich mein Frühstück auf dem Tisch.

„Ecco, un bel cappuccino, cornetto, pane e marmellata. Se vuoi dell'altro, dimmelo."

„Va bene così, grazie Antonietta."

„Guarda chi c'è!", rief Antonietta.

Ich schaute zuerst Antonietta an, die neben mir stand und dann nach rechts auf die kleine Sanddüne.

Da sah ich Francesca, die auf dem Weg zu mir war. Francesca, diese Frau, hatte in mir etwas ausgelöst. Es war eine glückliche Begegnung, vielleicht die schönste, die ich in meinem Leben hatte. Sie hatte mir in den wenigen Tagen so viel Italienisch beigebracht und auch so viel von ihrer Heimat gezeigt. Diese Region, das Cilento, ist wirklich einzigartig. Sogar ihrer Familie hatte sie mich vorgestellt. Ich bin so froh, dass ich sie getroffen habe. Natürlich wartete Antonietta, bis Francesca bei uns war.

„Ciao …", sagte Francesca mit ihrem wunderschönen Lächeln und dann sagte sie zu Antonietta: „Buongiorno Antonietta, tutto bene?"

„Come sempre, si tira avanti. Oggi il mio cliente preferito se ne va. Che vogliamo fare? Vuoi un caffè?"

Was hatte Antonietta jetzt schon wieder gesagt? **Si tira avanti** … Ich meinte mich zu erinnern, was das heißt. Der schnellste Weg, das zu überprüfen war, den Ausdruck nachzuschlagen. Ich tippte ihn in mein Handy ein, und schon kam es: *man schlägt sich durch*. Ach ja, es ging um diese übertragene Bedeutung aus **tirare** *ziehen* und **avanti** *vorwärts* im Sinne von sich durchschlagen.

„Sì, grazie … Anzi, portami un cappuccino e un cornetto, che non ho fatto colazione."

„Va bene."

„Sono contento di vederti", sagte ich.

„Anch'io, anche se …"

„Anche se?", fragte ich nach.

„Sì, anche se oggi parti."

„Sì, è vero, ma tu vieni in Germania, giusto?"

„Certo!"

„Ecco il cappuccino e il cornetto", kündigte Antonietta an.

„Grazie, Antonietta!"

„Sei arrivata … come si dice … mmh … presto. Si dice presto?"

„Ah, tu vuoi dire in anticipo?"

Ja, ich konnte mich jetzt wieder erinnern. **Arrivare in anticipo**, den Ausdruck musste ich mir merken: *früh dran sein.*

„Beh, fai conto che per arrivare a Napoli ci vogliono almeno due ore e mezza, oggi è lunedì e ci sarà un po' di traffico."

Fai conto … was war das wieder? **Contare** bedeutet *zählen*, das wusste ich. Aber **fare conto**?

Ich fragte: „Francesca, cosa vuol dire fai conto?"

„Oh Nico, tu e l'italiano … la lingua italiana è la tua migliore amica, eh?"

Ja, sie hatte recht. **La lingua italiana è la tua mi-**

gliore amica bedeutete wohl *die italienische Sprache ist deine beste Freundin.* Aber ich wollte charmant sein und mir fiel auch etwas Passendes dazu ein: „No, sei tu la mia migliore amica … e poi la lingua italiana, ecco!“ Ah, ich war so froh, dass ich dieses typische **ecco** am Ende des Satzes hinzugefügt hatte – als Bestätigung.

Francesca lachte. „Bene, mi fa piacere che sia io la tua migliore amica. Allora fai conto significa, come dire … pensa che per arrivare a Napoli ci vogliono due ore e mezza. Capisci?“

Also, dieses **fai conto** ist gleichzusetzen mit **pensa**, also *denke daran* … ah, vielleicht wollte sie damit sagen, *rechne damit* … cool. Es passte, natürlich **fai conto che** … *rechne damit, dass.*

„Sì, certo. Ho capito. Fai conto che tu sei la mia migliore amica, giusto?“ Sie sollte damit rechnen, dass sie meine beste Freundin ist.

Sie lachte: „Sei davvero unico! Sì, hai capito bene. Quanto mi piace stare con te!“ Sie küsste mich. Antonietta beobachtete uns. **Sei davvero unico**, *du bist wirklich einzigartig*. Na gut, wenn sie das sagt!

„Francesca, vado da Antonietta, devo pagare!“

„Sì, va bene.“

Antonietta stand hinter dem kleinen Tresen. Das war mehr oder weniger ein improvisiertes Büro.

„Nico, dimmi tutto." Den Ausdruck kannte ich von dem Pizzabäcker in Acciaroli.

„Antonietta, devo pagare."

„Ah sì, aspetta, ho già preparato il conto … ecco sono sette notti … settantacinque euro a notte, un momento … fa …"

Die Zahlen im Italienischen sind nicht so schwierig. Wichtig ist, dass man von 0 bis 10 zählen kann, also: **zero**, **uno**, **due**, **tre**, **quattro**, **cinque**, **sei**, **sette**, **otto**, **nove**, **dieci**. Und wenn man dann auch noch die Zahlen von **dieci**, also *zehn*, bis **cento**, *hundert*, kennt, kann man alle Zahlenkombinationen sagen. Ach, wichtig ist noch **mille**, *tausend*. Der Plural von **mille** ist etwas komisch: **duemila**, *zweitausend*. Dann muss man nur die Zahl vorne ändern: **tremila** ist *dreitausend*. Bei Zahlen wie **settantacinque** wird es im Italienischen genau andersherum gemacht als im Deutschen: Zuerst kommt **settanta**, *siebzig*, und dann **cinque**, *fünf*.

„Cinquecentoventicinque", sagte ich. Antonietta staunte, als sie merkte, dass ich schneller als der Taschenrechner war. Als Physikprofessor fiel es mir leicht, mir Zahlen zu merken. Ich hatte sowieso ein Faible dafür. Ich wiederholte die Zahlen in Zehnerschritten: **dieci**, **venti**, **trenta**, **quaranta**, **cinquanta**,

sessanta, settanta, ottanta, novanta und **cento**. *Zehn, zwanzig, dreißig, vierzig, fünfzig, sechzig, siebzig, achtzig, neunzig* und *hundert.* Die Hunderter waren einfach: **cento**, wiederholte ich, also *hundert*, und dann **duecento**, *zweihundert*, und so weiter. Also ist **cinquecento** gleich *fünfhundert* und **cinquecentoventicinque** *fünfhundertfünfundzwanzig.*

„Sì, giusto. 525 euro. Dammi 500 e va bene."

„Ok, grazie! Ah, la colazione di Francesca!"

„Non ti preoccupare. Va bene così. Come paghi, in contanti o con la carta?"

„In contanti."

Antonietta schmunzelte. „Sì, meglio in contanti."

Es war mir klar, dass Bargeld besser ankam als die Karte. Mein Reisegepäck hatte ich schon unten deponiert.

„Bene, allora grazie Antonietta."

„Grazie a te Nico. Ritorna presto."

„Certo. Ritorno." Ich nahm meinen kleinen Koffer und ging zu Francesca. Sie stand schon da.

„Bene", sagte ich.

„Allora possiamo andare …", fügte sie hinzu.

„Sì, andiamo", sagte ich.

Als wir zur Straße gingen, musste ich mich noch einmal umdrehen und den Strand anschauen. Das blaue Meer funkelte wie immer. Ein wunderbarer Anblick. Im Auto sahen wir uns kurz in die Augen, ohne ein Wort zu sagen. Dann startete Francesca das Auto.

„Hai un buon profumo", bemerkte ich.

„Grazie."

Wir fuhren auf der Küstenstraße.

„Sei triste?", fragte sie.

„Triste?"

„Oh, Nico … sì, triste. Quando sei contento ridi, quando sei triste piangi. Va bene?" Dabei rieb sie sich mit einer Hand das rechte Auge. „Piangere, capisci?" Sie tat, als ob sie weinen würde. Ich verstand, dass **piangere** *weinen* heißt. „Se piango, sono triste", sagte sie noch dazu.

Ach so, wenn sie weint, ist sie … ja, logisch … traurig. Also **triste** bedeutet *traurig* und **contento** *glücklich, zufrieden*. Ich kannte den Ausdruck **essere contento**, *sich freuen*.

„Sì, sono triste. È difficile … sono contento che ritorno in Germania, ma sono triste che non rimango qui."

War das jetzt alles richtig, fragte ich mich? Ich war mir nicht sicher, ob **sono contento che ritorno in Germania** korrekt war. Jetzt zu fragen wäre ungeschickt gewesen. Aber Francesca wusste wie wichtig es mir war, korrekt zu sprechen und sie antwortete folgendermaßen: „Ah, quindi sei contento di ritornare in Germania e sei triste perché non puoi rimanere qui."

Wusste ich es doch, dass etwas nicht ganz stimmte! Ich hätte sagen müssen **sono contento di ritornare** … *ich freue mich zurückzufahren*. Also wie im Deutschen. Nach **sono contento** kommt immer die Präposition **di**, in dem Fall wird **di** mit *zu* übersetzt und dann folgt das Verb in der Grundform. Genial!

Mittlerweile hatten wir die Küstenstraße verlassen und waren auf der Schnellstraße Richtung Autobahn. Auf den grünen Schildern stand SA-RC und ich verstand nicht, was das sollte. Ich fragte also wieder Francesca: „Francesca, cosa significa SA-RC?"

„Ah, sono le indicazioni per l'autostrada verso Salerno se si va al nord o verso Reggio Calabria se si va al sud. SA sta per Salerno e RC per Reggio Calabria."

Jetzt war es mir klar. SA war die Abkürzung für Salerno und RC für Reggio Calabria. Und wir fuhren Richtung Salerno.

„Tra poco arriviamo a Salerno e vorrei farti vedere casa mia. Sai, è piccola, ma è carina. Ho un bel terrazzo con tanti fiori."

Ah, da war wieder dieses **vorrei**, das musste ich mir einfach merken. Es bedeutet *ich würde gerne*. Auf ihre kleine und nette Wohnung in Salerno war ich natürlich auch neugierig. Aber wir mussten jetzt zum Flughafen nach Neapel.

„Quando vengo la prossima volta, andiamo a casa tua a Salerno … o no?“, fragte ich.

„Ma certo. Salerno è una bellissima città. Si sta bene.“

„Prima vieni tu a Monaco.“

„Sì, penso fra una decina di giorni. Appena torno a casa prenoto un volo. Va bene?“

„Sì, certo.“

Ich liebte diesen Ausdruck **una decina di giorni**, *so etwa zehn Tage*. Bei **una decina di giorni** können es neun oder elf Tage sein.

Jetzt wollte ich etwas wissen: „E tu, sei triste?“

„Sì, un po’, ma sono contenta di averti conosciuto.“

Da war er wieder, der Ausdruck **sono contenta di** … und diesmal mit der Vergangenheitsform. *Sie freut sich, mich kennengelernt zu haben.*

„Anch’io!“

Sie schaute kurz zu mir herüber und lächelte. Mittlerweile gab es schon Schilder mit Napoli Capodichino. Das war der Flughafen.

„Siamo quasi arrivati“, sagte Francesca und dann sprach sie weiter: „Senti, a me non piacciono gli addii lunghi. E poi all'aeroporto è difficile trovare un parcheggio. Ti accompagno all'entrata e poi ci salutiamo. Va bene?"

Ein Wort hatte ich nicht verstanden: „Scusa Francesca, non ho capito bene … adii?"

„No, addii, con due d e due i … Addio, significa dirsi ciao, arrivederci. Andare via. Come te lo spiego … ma tu capisci, vero?"

„A Dio?"

„Sì, cioè no … il significato è vai con Dio, che Dio sia con te, però si scrive tutto assieme e con due d: addio."

Jetzt hatte ich es kapiert. **Addio** ist der *Abschied* und es hat irgendwie mit Gott zu tun. So nach dem Motto ‚Möge Gott dich beschützen' oder so. Interessant. Sie mag keine langen Abschiede. Das verstehe ich. Ich auch nicht.

„Ho capito, Francesca. Certo. Va bene. Non cercare parcheggio. È complicato."

„Va bene."

Francesca hielt direkt vor dem Eingang. Dort konnten eigentlich nur Taxen und kleine Busse halten. Sofort kamen zwei jungen Soldaten auf uns zu: „Qui non si può stare e non potrebbe nemmeno transitare qui!"

Francescas Antwort kam prompt: „Sì lo so, scusatemi. Vado via subito. Lui è in ritardo e deve imbarcarsi subito. Prende la valigia dalla macchina e io me ne vado.“

Sie sagten nichts mehr. Einer von den beiden nickte mit dem Kopf. Ich hatte nur verstanden, dass Francesca sich entschuldigt hatte und dass ich total spät dran war.

„Prendo la valigia“, sagte ich.

Francesca war plötzlich direkt vor mir. Der kleine Koffer stand zwischen uns und der Motor lief noch.

„Bene, allora ciao!“, flüsterte sie.

„Francesca, sono stato bene con te! Grazie!“, sagte ich.

„Anch'io, molto! Allora a presto!“

Ich küsste sie. Und sie mich. Lange. Die beiden Soldaten schauten uns zu, sagten aber nichts, obwohl Francesca dort mit dem Auto nicht stehen durfte.

„A presto!“, sagte ich.

„Sì, ora vai. Dai. Vai!“

Es klang wie ein Befehl. Ich sollte jetzt gehen. Ich stand noch da und schaute, wie sie in das Auto stieg. Sie schaute noch einmal zu mir zurück und fuhr los. Ich ging in das Flughafengebäude, ohne mich umzudrehen. Natürlich wäre ich am liebsten bei ihr geblieben. Ich war ganz schön aufgewühlt: Es kam so etwas wie Wehmut auf, ich hatte Herzklopfen und sogar jetzt schon Sehnsucht nach ihr. Ich fühlte mich ein wenig verloren in der riesigen Menschenmenge, die geschäftig am Flughafen hin- und hereilte.

2. IL RITORNO A MONACO

Die Rückkehr nach München

„Ciao, come va? Sei arrivato bene? Com'è andato il volo?"

Nachdem ich in München gelandet war, nahm ich die S-Bahn Richtung Hechendorf und musste natürlich schmunzeln, als ich Francescas Nachricht auf meinem Handy las. Typisch Francesca, dachte ich. Gleich drei Fragen hintereinander. Es fühlte sich an, als hörte ich sie sprechen, so wie immer.

Ich fing an, meine Antwort zu tippen: „Ciao Francesca, tutto bene. Anche il volo andava bene. Sono sul treno. Quando arrivo a casa ti chiamo."

Sobald ich daheim war, wollte ich sie anrufen, aber ihre Antwort kam sofort, diesmal als Sprachnachricht: „Scusa, si dice, anche il volo è andato bene, okay? Va bene, ci sentiamo dopo. Io sono a casa."

Ich freute mich darauf, Francescas Stimme schon gleich wieder hören zu dürfen und auch darüber, dass sie mich sogar aus der Ferne korrigierte: **il volo è an-**

dato bene heißt wörtlich *der Flug ist gut gelaufen*, aber ich würde eher sagen *ich hatte einen guten Flug*. Aus diesem Grund hatte ich zuerst den Satz mit dem Imperfekt **andava** gebildet. Da in diesem Fall aber die Handlung schon abgeschlossen ist, benutzt man im Italienischen das **Passato Prossimo**, also das *Perfekt*. Bis nach Hechendorf war es noch eine halbe Stunde Fahrt. Dort hatte ich mein Auto geparkt.

Ich holte mein Italienischbuch aus dem Rucksack und fing an, ziellos das Buch durchzublättern. Plötzlich sagte eine weibliche Stimme zu mir: „Scusa, stai imparando l'italiano?"

Ich konnte es nicht fassen! Eine nicht unattraktive Italienerin fragte mich in der S-Bahn, ob ich gerade Italienisch lerne. Ich hatte diese Gerundiumform in Italien schon gehört. Sie wird mit dem Verb **stare** gebildet und das Hauptverb nimmt am Schluss die Endung -**ando** an, wenn es der ersten Konjugation angehört. Dies gilt für alle Verben, die in der Grundform auf -**are** enden, wie zum Beispiel **imparare**. Für die Verben der zweiten und der dritten Gruppe, die auf -**ere** und -**ire** enden, wie zum Beispiel **vedere**, *sehen*, oder **finire**, *enden*, lautet die Endung im Gerundium -**endo**. **Sto vedendo** heißt dann *ich bin gerade dabei zu sehen* und **sto finendo**, *ich bin gerade dabei etwas zu* *beenden*. Das Hauptverb bleibt immer gleich, nur **stare** wird konjugiert. **Stare** drückt immer einen Zustand aus: **stare in piedi**, *stehen*, **stare seduto**, *sitzen*. Aber **stare** bedeutet auch *bleiben* oder einfach *sein*. Ich erinnerte mich an den Ausdruck **come stai?** Also, *wie geht es dir?* Ich war total verblüfft, dass mich schon wieder eine Italienerin ansprach. Ich schaute sie scheinbar so verdutzt an, dass sie lachen musste und meinte:

„Mi stai guardando come un'extraterrestre. Mi chiamo Luisa, piacere. E tu?"

Völlig durcheinander brachte ich nur Folgendes heraus: „Extra …? Non capisco."

„Sì, extraterrestre … aliena …" Sie lachte.

Ich verstand, was sie meinte. Das komische Wort **extraterrestre** musste wohl *Außerirdischer* bedeuten.

„No, scusa … mi chiamo Nico. E tu Luisa?"

„Sì, Luisa. Ho visto il libro d'italiano e sai … insegnare l'italiano è la mia professione. Sono insegnante d'italiano."

„Professione?", fragte ich noch etwas verwirrt.

„Sì, il mio lavoro è insegnare l'italiano."

Ah, la **professione** war wohl der *Beruf*.

„Ah, bene …", sagte ich nur.

Sie hatte auch schwarze Haare, mittellang und glatt, ein rundes Gesicht mit einer geraden Nase und schwarze Augen. Eine gewisse Ähnlichkeit mit Francesca hatte sie schon. Es war mir irgendwie unheimlich. Ihr Blick fiel auf meinen kleinen Rollkoffer.

„Sei stato in Italia?“, wollte sie wissen.

„Sì, a Napoli.“ Ich wollte keine Details erzählen.

„Bene, io ora scendo. Se hai bisogno di lezioni d’italiano chiamami pure. Questo è il mio bigliettino da visita.“

Jetzt war ich noch verwirrter. Sie gab mir einfach so ihre *Visitenkarte*, **il bigliettino da visita**. Ich konnte nur mit „Va bene. Grazie!“ antworten. Ich dachte kurz darüber nach, mal wieder Italienischunterricht zu nehmen. Ich hatte doch nun einen guten Grund, um die Sprache besser zu lernen. Ich schaute auf die Visitenkarte: Luisa Palmieri – **Insegnante d’italiano** und dann eine Telefonnummer. **Forse ne vale la pena**, dachte ich auf Italienisch. *Vielleicht lohnt es sich.*

Als ich zu Hause war, rief ich Francesca an: „Ciao, sono Nico.“

„Ciao Nico, che bello sentirti. Sei a casa?“

„Sì, sono arrivato adesso.“

„Tutto bene?“, fragte Francesca.

„Sì, tutto bene, sono un po’ stanco. Tu come … ehmm … come stai?“

„Bene, bene … Figurati! Senti, Nico, ho prenotato un volo per Monaco."

„Prenotato?", fragte ich.

„Sì, Nico, prenotato. Ti ricordi il cambio di prenotazione?"

Ach so, da fiel es mir wieder ein. **Il cambio di prenotazione** ist *die Umbuchung* und **prenotare** die Grundform für *buchen*. **Prenotato** muss *gebucht* bedeuten. Sie hatte also einen Flug nach München gebucht. Ich war aufgeregt wie ein kleiner Junge.

„Che bello … quando?"

„Arrivo la settimana prossima, venerdì, e mi fermo una settimana. Sabato devo tornare a Salerno, perché domenica sera ho un concerto."

La settimana heißt *die Woche*. In dem Wort ist irgendwie die Zahl *sieben* enthalten … **sette** … interessant. Aber auch logisch, denn eine Woche hat sieben Tage. Aber was bedeutet **prossima**? Das wusste ich nicht.

„Settimana prossima?", wiederholte ich als Frage. Meine bewährte Art zu sagen, dass ich es nicht ganz verstanden hatte. Es ging um ein **concerto**, *Konzert*.

„Oh Nico, sì, la settimana prossima è la settimana che viene … non questa settimana, ma la prossima. Capisci?"

„Sì, sì, adesso ho capito".

Also *die nächste Woche* ist **la settimana prossima.** Ich musste kurz überlegen. Ich wollte sagen, *wann kommst du an? Ankommen* heißt **arrivare**... ach ja, vielleicht **quando arrivi?** Ich versuchte es mit **arrivi.**

„Quando arrivi?", fragte ich.

„Ah sì, allora, aspetta ... arrivo venerdì alle 20:05. Praticamente lo stesso volo che hai preso tu." Sie nimmt den gleichen Flug, den ich genommen habe und kommt auch um 20:05 Uhr in München an.

„Ah, bene. Io sono all'arioporto ... come si dice ... ... vengo a prenderti con la macchina, giusto?"

„Sì, giusto ... però si dice aeroporto. Ascolta: aeroporto."

„Sì, una parola difficile per me: aeroporto ... okay!"

„Bene. Nico, vuoi che facciamo una videochiamata? Così ti faccio vedere casa mia ... aspetta. Ti richiamo."

Oh, jetzt durfte ich sie sogar sehen, wie schön. Ohne meine Antwort abzuwarten, rief Francesca wenige Sekunden später erneut an.

„Eccomi! Ciao, Nico, mi vedi?"

„No, non vedo ..."

„Ma io ti vedo ..."

„Come si dice ... ho la camera ..."

„Sì, hai attivato la fotocamera del telefono … ma perché la mia videochat non funziona? Ti richiamo subito."

Ich hatte wieder ein neues Wort gelernt: **attivare**, *aktivieren*, also *einschalten*. Und dann war da noch etwas, ach so ja, **richiamare** … ich kannte es doch … Ich konnte mich an das Wort **arrivederci** erinnern. Wenn ich dieses Wort nicht in einem Zug ausspreche, würde ich sagen ‚a rivederci' und **rivederci**, heißt *uns wiedersehen*. Natürlich, diese Vorsilbe **ri** gibt dem Verb die Bedeutung einer Wiederholung. **Richiamare**, *erneut rufen* oder *zurückrufen*, **rivedere**, *wiedersehen*, **rifare**, *wieder machen* und so weiter. Das war jetzt eine tolle Entdeckung!

Mein Telefon klingelte schon wieder und diesmal erschien Francesca sofort auf dem Display: „Finalmente. Scusa, avevo disattivato la camera … ecco, ora possiamo parlare. Allora, come va?"

Francesca sah wieder mal so gut aus! Sie hatte eine rote Bluse an, die ihr außerordentlich gut stand. Das wollte ich ihr sagen, aber Bluse … das Wort kannte ich nicht.

„Ciao, sei molto bella!" Ich dachte, es sei nicht verkehrt, mit einem Kompliment anzufangen und sie war wirklich wunderschön.

„Oh, grazie, guarda! Ti piace questa camicetta?“ Jetzt wusste ich, was *Bluse* heißt: **camicetta**.

„L’ho comprata oggi“, fuhr sie fort. Sie hatte sie heute gekauft.

„Camicetta? Molto bella!“, antwortete ich.

„Anche la tua camicia mi piace“, sagte sie.

„Camicia?“, fragte ich verdutzt. Was nun, **camicetta** oder **camicia**? Ich war mir sicher, sie würde es mir gleich erklären.

„Sì, sì! Questa è una camicetta, le donne portano una camicetta e gli uomini una camicia. Capisci la differenza? Camicetta per me e camicia per te.“

Aha, so ist das: Männer tragen eine **camicia**, also ein *Hemd*, und Frauen eine **camicetta,** eine *Bluse.*

„Dai, ti faccio vedere casa mia. Guarda!“ Sie wollte mir jetzt ihre Wohnung zeigen: „Allora, questa è la mia cucina, vedi? È grande e qui c’è un tavolo. Bene, poi andiamo in soggiorno. Ecco questo è il mio soggiorno, anche qui c’è un tavolo grande. Un armadio con bicchieri, piatti, alcuni quadri alla parete …“

So war es leicht alles zu verstehen, weil Francesca es mir zeigte: **cucina** war die *Küche*, **soggiorno** das *Wohnzimmer*, **armadio** der *Schrank* und **quadri alla parete** die *Bilder an der Wand.*

„Poi ti faccio vedere il mio posto di lavoro, ecco: guarda! Qui c'è il pianoforte, lo adoro, qui c'è una chitarra classica, ogni tanto suono anche questa. E in questo scaffale ci sono le note."

Während Francesca ihr Telefon herumschwenkte, konnte ich nur staunen: In einem sehr großen Zimmer, ihrem *Arbeitsplatz*, **il posto di lavoro**, stand ein **pianoforte**, so heißt das *Klavier* auf Italienisch. Und die **chitarra classica**, eine *klassische Gitarre.* **Scaffale** war doch ein *Regal.* **Le note** sind einfach *die Noten.*

„Bellissimo", konnte ich nur sagen.

„Aspetta, non è finito ... qui c'è una stanza con un'altro pianoforte più piccolo e poi c'è la stanza da letto."

Stanza da letto war doch das *Schlafzimmer* und **stanza** bedeutet allgemein *Zimmer.*

„Ah e poi c'è il terrazzo ... guarda, vado fuori. Ti piace?"

Es war kein Balkon, eher eine riesige Terrasse. Und obwohl es schon dunkel war, gab es eine schöne Beleuchtung und ich konnte sehen, dass sie viele Pflanzen und eine schöne Sicht über die Stadt hatte.

„Francesca, la tua casa è molto bella!", konnte ich nur sagen.

„Grazie, spero di vederti presto qui, a casa mia!"

„Sì, certo, con piacere".

„Sono un po' triste ..."

„Sì, anch'io ... mi dispiace! Ci vediamo presto. Sono contento!" Ich fühlte mich wieder so schlecht. Irgendwie konnte ich am Telefon nicht so gut sprechen. Ich versuchte es erneut: „Francesca, non essere triste! Io ti ... penso. Sì!"

Ich wusste nicht, ob es richtig war, aber ich meinte, dass **io ti penso** *ich denke an dich* bedeutet.

„Sì anch'io ti penso da quando sei partito! Ma meglio pensarsi che non pensarsi, giusto?"

„Eh ... come? Meglio ...?"

„Oh, Nico, quante cose ti vorrei dire ... È bene che tu pensi a me e io a te. Capisci?"

Ach so, es ist gut, dass ich an sie denke und sie an mich.

„Sì, certo, ma non voglio che tu sei triste, okay?"

„Che carino che sei!"

„Grazie. Anche tu! Il viaggio a Monaco è prenotato, giusto?"

„Sì, giusto!"

„Allora ci vediamo presto e non devi essere triste!" Ich wusste nicht wie mir dieser Satz einfiel, aber ich hatte das Gefühl er war richtig, sonst hätte sie mich bestimmt korrigiert.

„Nico, hai ragione. Sono contenta di vederti presto!"

„Anch'io!"

„Buona notte."

„Buona notte, Francesca!"

Mein Telefon war auf einmal wieder still. Ich musste diese Sprache einfach besser lernen! Ich legte mich mit meinem Italienischbuch auf mein Sofa und wollte etwas nachschlagen. Francesca hatte mehrmals **aspetta**, **guarda** und auch **dai** gesagt. An dieses **dai** konnte ich mich erinnern: irgendwie im Sinne von *los, komm*. Aber was waren **guarda** und **aspetta** für Verbformen? Ich kannte den Ausdruck **cosa c'è da guardare?** *Was gibt es zu schauen?* Also, **guardare** heißt *schauen* und dann schlug ich nach und **aspetta**, bzw. **aspettare** heißt *warten*. Jetzt entdeckte ich die Verbformen: **aspetta,** Befehlsform von **aspettare**. Also, *warte!* Und genauso ist **guarda** die Befehlsform von **guardare**, also *schau!* Ich las weiter: **aspetta!**, **aspettate!**, **aspetti!** … *warte!, wartet!, warten Sie!* Und das gleiche galt für **guardare**: **guarda!**, **guardate!**, **guardi!** *schau!, schaut!, schauen Sie!* So funktioniert also die Befehlsform. Ich versuchte es mit einem anderen Verb: **mangiare**, *essen*: **mangia!**, **mangiate!**, **mangi!** *iss!, esst!, essen Sie!* Es machte Spaß: Oh, … das Verb **sentire** flog mir entgegen. Da musste ich sofort an … klar, an Francesca denken! **Senti!** heißt doch *hör zu!*, oder?, fragte ich mich. Sicher. Also wie geht es … Ich dachte mir, ich könnte Francesca bei der nächsten passenden Gelegenheit sagen: **Senti, penso che ti amo**. Sie wäre bestimmt begeistert … Wenn ich dann zwei Personen vor mir hätte, würde ich **sentite!** sagen, und wenn ich die Befehlsform für die Höflichkeitsform benutzen würde, dann **senta!** Ja, ich dachte kurz nach: Aber liebte ich sie? Könnte ich wirklich so etwas sagen? Ich hörte noch ihre Stimme **buona notte** sagen. Mir wurde ganz warm ums Herz und ich hätte sie in diesem Moment gerne bei mir gehabt. „Buona notte", flüsterte ich in die Nacht.

3. LA CASA SUL LAGO

Das Haus am See

„Ma qui fa un freddo terribile", war das Erste, was sie sagte, als sie vor mir stand, und dann umarmte sie mich. Es war so schön, Francesca wieder bei mir zu haben. Rasant, als sei ich ein Italiener, legte sie los: „A Salerno c'erano ventisei gradi quando sono partita e qui … in aereo hanno detto che a Monaco ci sono sei gradi. Ciao, bellissimo Nico!"

Es machte keinen Sinn ihr zu sagen, dass ich immer noch nicht perfekt im Italienischen war und Schwierigkeiten hatte, sie zu verstehen, wenn sie so schnell sprach. Aber in den letzten Tagen hatte ich ein wenig gelernt und auch tatsächlich überlegt, die Italienischlehrerin aus der S-Bahn anzurufen.

Mittlerweile wusste ich, dass **bellissimo** *sehr schön* bedeutet. Im Italienischen reicht die Endung - **issimo** oder -**issima** für die weibliche Form bzw. -**issimi** für die Pluralform männlich und natürlich auch -**issime** für die Pluralform weiblich.

Ich war so glücklich, sie wiederzusehen und versuchte, meine Freude folgendermaßen auszudrücken: „Sono contento di rivederti … molto."

Jetzt hatte ich dieses **ri-** am Anfang richtig angewendet. Und das **-ti** am Ende des Verbs hatte ich auch richtig hinzugefügt. Bei einem Infinitivsatz, das heißt, wenn das Hauptverb in der Grundform steht und man zusätzlich ein Pronomen benutzen will, wird es an das Ende des Verbs angehängt. So wie in diesem Fall: **Sono contento di rivederti**, *ich freue mich, dich wiederzusehen.*

„Anch'io sono contenta! Grazie per essere venuto a prendermi."

Ich wusste noch, wie man darauf antwortet: „Figurati! È un piacere! Vieni, andiamo a prendere la macchina."

„Nico, ma sei bravissimo. Hai fatto progressi."

„Grazie. Come, scusa? Ho fatto …?"

„Progressi … non capisci?"

„No, cosa vuol dire progressi?"

„Progressi … mmhh … fare progressi significa andare avanti, capisci?"

Im Englischen gibt es einen ähnlichen Ausdruck und der bedeutet ‚besser werden'. Ich dachte kurz nach und wusste, was sie meinte. **Fare progressi** heißt *Fortschritte machen.* Ja, das musste es sein.

„Sì, un po' … sono contento", antwortete ich.

„Anch'io. Dove andiamo?"

„A casa mia, sul lago. Un'ora circa con la macchina. O andiamo in città?"

„No, andiamo prima a casa. Sono curiosa di vedere dove abiti."

Ich überlegte kurz, was **curiosa** heißen könnte. Wieder fiel mir ein englisches Wort ein, das ähnlich klingt und daher ging ich davon aus, dass **curiosa** *neugierig* bedeuten musste. Ich hatte sie gefragt, ob sie zuerst in die Stadt fahren wollte, aber es war mir auch klar, dass sie neugierig war zu sehen, wo ich wohne.

Wir fuhren gemütlich auf der Autobahn. Plötzlich meinte Francesca: „Ah, devo chiamare a casa per dire che sono arrivata."

„Verständlich", dachte ich mir. Sie muss jetzt zu Hause anrufen und Bescheid geben, dass sie angekommen ist.

Sie holte ihr Telefon aus der Tasche und es ging sofort los: „Ciao mamma, come state? … Sì, sì tutto bene. Sono arrivata da poco. Qui fa un freddo cane … Com'è la Germania? Eh … non lo so, siamo in macchina e stiamo andando a casa di Nico. Lui abita fuori città, su un lago. Sì, va bene. Saluta tutti. Ci sentiamo presto. Si, sì, sì … Anche lui. Ciao, ciao… Sì, a domani."

Obwohl sie sehr schnell gesprochen hatte, konnte ich alles ziemlich gut verstehen. Zuerst fragte sie, wie es allen geht. Dann sagte sie **tutto bene**, hier *alles in Ordnung*, sie ist gerade angekommen. Interessant fand ich den Ausdruck **qui fa un freddo cane**, *hier ist es schweinekalt*. Im Italienischen nimmt man bei Kälte anscheinend den Hund und nicht das Schwein zum Vergleich. Dann erzählte sie, dass wir im Auto sitzen und gerade zu mir fahren. Außerhalb der Stadt, an einen See.

Nachdem sie das Telefonat beendet hatte, sagte sie: „Un saluto da mia madre."

„Grazie. Tutto bene a casa tua?"

„Sì, sì."

Dann schaute sie aus dem Fenster und wunderte sich: „Qui c'è tanto verde .... è fantastico!"

Ihr gefällt es hier, es gibt viel **Grün** und es ist fantastisch. *Verde*, das musste ich mir merken. Ich hatte leider die italienischen Wörter für die anderen Farben vergessen. Ich wusste aber noch, wie *Farbe* auf Italienisch heißt: **colore**!

„Francesca, come si chiamano i colori in italiano?"

„I colori? Certo: nero, bianco, rosso, verde, giallo, blu, azzurro, marrone, grigio. Questi sono i colori principali. Li conosci?"

„Non troppo bene. Puoi dire ancora una volta?"

„Si dice ripetere.“

Ah, **ripetere** heißt *wiederholen*. Sehr gut.

„Allora“, fuhr sie fort, „giallo come una banana, rosso come il mio vestito, verde come l’erba, bianco come la neve, blu come il mare, azzurro come il cielo e marrone come la terra e grigio come il cielo d’inverno. Hai capito?“

„Penso di sì.“

Ich musste es für mich noch einmal durchgehen. Da war zunächst **giallo come una banana**, das hieß *gelb wie eine Banane*. Dann sagte sie **rosso come il mio vestito** … *rot wie* … was bedeutete noch gleich **vestito**? Aber klar doch, *rot wie mein Kleid* meinte sie. Mir fiel sofort wieder das berühmte rote Kleid ein, mit dem sie mir in Italien den Kopf verdreht hatte. Dann gab es noch **verde come l’erba**. Was war denn bloß **erba**, das Wort kannte ich nicht.

„Francesca, cosa vuol dire erba?“

„Erba …“, sie blickte aus dem Fenster und zeigte mit dem Finger hinaus. „Guarda quanta erba!“

Jetzt kapierte ich es: *grün wie Gras*. Dann hatte sie **blu come il mare** gesagt. Das war ganz leicht. *Blau wie das Meer* und der folgende Satz war mir auch klar: **azzurro come il cielo**, *hellblau wie der Himmel*. **Marrone come la terra. Terra** ist auch einfach, die *Erde*.

Und sie ist *braun*. Aber zum Schluss kam **grigio come il cielo d'inverno**. Das hatte ich nicht verstanden.

„Scusa Francesca, cosa vuol dire gri… non ho capito."

„Grigio come il cielo d'inverno."

„Cielo conosco, ma grigio e poi?"

„Allora, tu conosci i mesi dell'anno. Gennaio, febbraio … va bene?"

„Sì."

„Bene. A dicembre e a gennaio è inverno. Fa freddo e il cielo è grigio. Capisci?"

Vielleicht hatte ich verstanden, was sie sagen wollte: **inverno** ist der *Winter*. Also meinte sie *grau wie der Himmel im Winter*, natürlich! Ich wiederholte es noch einmal in Gedanken: **grigio come il cielo d'inverno**.

„E adesso siamo in autunno!", fügte sie noch hinzu.

„Come?", fragte ich.

„Adesso siamo in autunno, poi viene l'inverno, poi la primavera e poi l'estate. Hai capito adesso?"

Jetzt kannte ich ja das Wort **inverno**, *Winter*. Und davor sagte sie **autunno**. Damit war sicher der *Herbst* gemeint. Und dann wusste ich, was sie mir sagen wollte: **primavera** ist der *Frühling* und **estate** der *Sommer*. Fantastisch.

Ich hatte noch eine Frage: „Ho capito, e come si

dice per tutti: inverno, autunno, primavera, estate? In tedesco si dice Jahreszeiten."

Sie schaute mich fragend an.

„Com'è quella parola che hai detto in tedesco?"

„Jahreszeiten … Jahreszeiten."

„No, meglio che tu impari l'italiano … ci sono le quattro stagioni: l'inverno, l'autunno, la primavera e l'estate."

Ja genau: **le quattro stagioni**, *die vier Jahreszeiten*.

„Bellissimo! **Le quattro stagioni**. Vivaldi", fügte ich noch hinzu.

„Giusto!", antwortete sie. Sie freute sich, dass ich wusste, wer Vivaldi war. Das weiß ja eigentlich jeder, aber immerhin konnte ich ein paar Pluspunkte bei ihr sammeln. Mittlerweile hatten wir die Autobahn verlassen und fuhren durch die bayerische Landschaft. Francesca schaute begeistert aus dem Fenster.

„Che belle case che ci sono qua. Sono tutte così carine, curate, con il giardino."

„Sì, sono belle le case qui, ma cosa vuol dire curate?"

„Curate vuol dire, ordinate, pulite, sì … capisci?"

Meinte sie damit *ordentlich* oder vielleicht *sauber*? Ach, mir fiel ein, was **curate** bedeuten konnte: *gepflegt*. **Curare**, *pflegen*, kenne ich aus dem Lateinischen.

„Siamo vicini", sagte ich. Wir fuhren ein Stück am Wörthsee entlang. Die Sonne schien auf das Wasser und der See leuchtete hellblau und grün.

„Che spettacolo, che meraviglia! Che bello!"

Ich hörte, wie begeistert sie war. **Che meraviglia**, sagte sie. Ich kannte das Wort **meraviglioso**, *wunderbar*. **Che meraviglia** hieß dann bestimmt *wie wunderbar!*

Kurz darauf parkte ich das Auto vor meiner Garage: „Siamo arrivati."

„Che bella casa!", sagte sie und blieb stehen.

„Grazie … ma entriamo!"

„Certo, certo!"

Sie war ein wenig nervös. Ich nahm ihren Koffer aus dem Auto und wir gingen hinein. Sie marschierte durch das geräumige Wohnzimmer. Sofort fielen ihr die großen Fensterscheiben mit der Tür zum Garten auf.

„Posso?"

Sie wollte in den Garten. Ich wusste nicht genau was **posso** heißt. Wahrscheinlich *darf ich?*

„Certo. Lì c'è il giardino." Jetzt wollte ich ihr natürlich sagen, dass man von meinem kleinen Garten einen schönen Blick auf den ganzen See hat.

„È favoloso! Devo fare delle foto! Il panorama è bellissimo."

Favoloso war *fabelhaft*. Der Ausblick gefiel ihr sehr gut.

„Sono contento!"

„Dai, fammi vedere il resto della casa!"

Klar, sie wollte den Rest vom Haus sehen.

„Va bene."

Als Francesca durch das Wohnzimmer lief, sah sie den offenen Kamin.

„Hai anche il camino, che bello!"

„Sì, come hai detto prima … ah, per l'inverno, giusto?"

„Giusto."

„Qui c'è la cucina …"

„Anche la cucina con vista sul lago."

„Cosa vuol dire vista?"

„Vista, panorama."

Vista bedeutet also *Sicht, Blick*. Ach so, sie meinte, dass man auch von der Küche aus den See sehen konnte: *Küche mit Seeblick*.

„Qui c'è un piccolo …" Ich öffnete die Tür, ich wusste nicht, was Badezimmer auf Italienisch heißt.

Francesca fügte sofort hinzu: „Un piccolo bagno. Bene."

Badezimmer war also *bagno*.

„E sopra cosa c'è?", fragte sie ein wenig frech, indem sie mit dem Finger nach oben zeigte. Daraus schloss ich, dass **sopra** *oben* heißen musste.

„Sopra … andiamo!“

„Questo è il tuo studio?“, fragte sie, während sie bereits einen Blick in mein Büro warf. Sie hatte es **studio** genannt, wie das *Studium*, aber sie meinte *Büro*, das Wort hat also zwei Bedeutungen.

„Sì, il mio posto di lavoro a casa. Ecco, qui c'è la …“

„Camera da letto“, ergänzte sie, während ich noch nach dem Wort für *Schlafzimmer* suchte. **Camera da letto**.

„E qui c'è un'altra camera piccola per … come si dice se una persona viene a casa?“

„Tu vuoi dire una camera per gli ospiti?“

Ja, genau das wollte ich sagen: *Gästezimmer*, **camera per gli ospiti.**

„Sì, proprio così. Qui c'è un altro bagno più grande e ecco un piccolo bagno per … ah, per gli ospiti.“

„E io dove dormo? Nella camera degli ospiti o in quell'altra?“

Ich kannte das Verb **dormire**, *schlafen*. Wo sie schläft, wollte sie wissen. In Italien hatte ich einen Ausdruck gehört, den die Leute immer verwendet haben, um einem Gast zu sagen, *fühl dich wie zu Hause*.

Ich versuchte es zusammenzukriegen. Es war irgendetwas mit **fare** … ach ja, **fai come se fossi a casa tua.** Ich war mir zwar nicht sicher, aber ich versuchte es: „Fai come se fossi a casa tua!"

„Oh Nico, grazie. Sei davvero bravo in italiano."

„Sì, ho imparato un po'." Ein bisschen stolz war ich schon darauf.

Wir gingen wieder die Treppe ins Wohnzimmer hinunter.

Ich fragte sie: „Vuoi fare una doccia?"

„Sì, magari, dopo il viaggio."

„Va bene. Io aspetto qui."

Francesca ging nach oben und ich überlegte, ob ich den Kamin anzünden sollte. Es war zwar noch nicht so kalt, aber Francesca würde sich bestimmt freuen. Also machte ich Feuer. Während sie oben war, schaute ich nach, was **magari** heißt. Ein Wort mit mehreren Bedeutungen. Eine davon: *schön wäre es*. Oder *und wie*! Aber es hieß auch *vielleicht*, *etwa*, *lieber* oder *nur*. In dem Fall sagte sie: **magari dopo il viaggio**. *Es wäre schön nach der Reise.*

20 Minuten später kam sie in Jogginghose und Pullover nach unten. Ich saß auf der Couch und hatte eine Flasche Rotwein aufgemacht. Sie setzte sich neben mich.

„La casa tua è veramente bellissima e si sta così bene con il fuoco acceso."

Ich hatte verstanden, dass sie mein Haus wirklich wunderschön fand und man sich mit dem Feuer richtig wohlfühlte.

„Grazie." Ich nahm das Glas und sagte: „Salute!"

„Alla nostra!", antwortete sie. „Quando ero bambina, d'inverno avevamo sempre il fuoco acceso. Era bellissimo."

Ich wusste, dass **bambino** *Kind* heißt. Also musste **bambina** die weibliche Form sein. Dann hatte ich **inverno** verstanden, aber den Rest nicht so richtig.

„Scusa Francesca, cosa significano ero e avevamo?"

„Ah sì, ero è imperfetto di essere. Avevamo è imperfetto di avere."

„Ah … è come andava?" Ich kannte zwar diese Vergangenheitsform, aber mir war nicht ganz klar, was es genau hieß oder wie man es verwendete.

Sie lachte: „Ti faccio un esempio: quando ero piccola andavo a scuola. Okay?"

Ero musste also *war* bedeuten. Okay.

„In italiano questo tempo si chiama imperfetto. E quasi tutti i verbi del primo gruppo sono uguali. Io andavo, io mangiavo, io suonavo, io cantavo … Si usa per un evento che si ripeteva regolarmente al passato.

Il passato prossimo si usa per un'azione già finita. Un esempio: Ho abitato a Roma un mese e tutte le sere andavo a mangiare con degli amici. Capisci?"

Ich hatte schon das Gefühl, dass ich es einigermaßen verstanden hatte. Sie erklärte mir, dass das Imperfekt benutzt wird, wenn man von einer Handlung in der Vergangenheit spricht, die sich wiederholte. **L'azione** musste *die Handlung* sein. Das Perfekt, wie zum Beispiel **ho mangiato**, *ich habe gegessen*, benutzt man dagegen, wenn eine Handlung in der Vergangenheit abgeschlossen ist.

„Grazie per questa spiegazione", sagte ich.

„Figurati. Mi piace insegnarti l'italiano."

Sie bringt mir gerne Italienisch bei, das ist doch toll.

„Alla salute!", sagte ich noch einmal.

„Alla salute." Sie rückte näher zu mir, schaute ins Feuer und sagte: „La tua casa sul lago è bellissima! Mi sento molto bene da te."

Es beruhigte mich unheimlich, dass sie sich bei mir so wohlfühlte.

4. LA FAMIGLIA DI NICO

Nicos Familie

„Buongiorno Francesca", begrüßte ich sie am nächsten Morgen, als sie – noch im Halbschlaf – ins Wohnzimmer tapste.

„Buongiorno … mmh … cosa stai facendo?", fragte sie mich neugierig, aber bevor ich antworten konnte, realisierte sie, dass wieder Feuer im Kamin brannte. „Oh, che bello. Hai acceso il camino. Lo hai fatto per me, vero? Sei un tesoro!", sagte sie, und ließ sich auf die Couch fallen, noch eingehüllt in ihre Bettdecke.

„Acceso il camino", wiederholte ich.

Ich versuchte zu verstehen, woher das Wort kam. Mir war klar, dass **acceso** *angezündet* heißt. Ich kam mir vor wie ein sprechender Roboter, der einfach nur Wörter wiederholt, ohne sie zu verstehen.

„Sì, accendere il camino, accendere la luce … accendere. Nico, ho fame."

Das wollte ich jetzt aber wissen: **accendere** heißt *anzünden* und **acceso** ist die Vergangenheitsform.

Aber sie sagte auch **accendere la luce**, wiederholte ich in Gedanken, während ich in die Küche ging, um das Frühstück zu holen, das ich bereits vorbereitet hatte. **Luce** ist das *Licht*. Demnach bedeutete **accendere la luce** *das Licht einschalten*.

„Ho preparato la colazione."

„Cosa c'è di buono?"

Mir gefielen diese Ausdrücke, die ich nur mit Francesca lernen konnte. **Cosa c'è di buono?** Wenn ich so etwas hörte, wusste ich sofort, was es bedeutete, aber ich hätte es von mir aus nicht so benutzt. *Was gibt es Gutes?*

„Ho preparato il caffè, pane, uovi, marmellata, burro, e un po' di frutta. Va bene?"

„Perfetto!"

„Ora porto tutto."

„Nico, si dice uova, non uovi. Un uovo, due uova."

„Aha", dachte ich mir. **Un uovo**, *ein Ei*, **due uova**, *zwei Eier*. Es ist also ein unregelmäßiges Wort, denn normalerweise endet ja ein Wort mit **-o** im Plural auf **-i**.

„Ho capito. Due uova. Grazie." Ich fragte sie: „Bene, vuoi il caffè?"

„Sì, grazie. Oh, c'è anche il latte?"

„Ah, sì, in cucina. Lo prendo … Ecco, il latte caldo."

„Oh, puoi fare un po' di schiuma?"

„Cosa, non capisco. Cosa vuol dire ‚skioma'?"

„Nico, schiuma … s-c-h-i-u-m-a. Devi montare il latte."

„Montare? Francesca, non capisco."

„Aspetta … vieni con me."

Francesca stand auf und ging in die Küche. Ich folgte ihr. Sie fing an, in den Schubladen zu suchen, bis sie einen Schneebesen fand. Dann nahm sie den Topf mit der warmen Milch und fing an, die Milch zu schlagen.

„Vedi? Questa è una frusta e serve per montare il latte."

Jetzt konnte ich verstehen, was sie meinte. Mit einem *Schneebesen* – sie hatte ihn **frusta** genannt – konnte man *die Milch schlagen*: **montare il latte**. Sie war mit ihrer Erklärung aber noch nicht fertig.

„E poi … ecco … guarda che schiuma!"

Ach, ich hätte auch selber darauf kommen können: **la schiuma** war *der Schaum*. Natürlich, als Italienerin wollte sie zum Frühstück einen Cappuccino mit Milchschaum. Wir saßen am Frühstückstisch und Francesca schaute begeistert aus dem Fenster.

„Bellissimo paesaggio. Davvero!"

Ich nahm an, dass **paesaggio** *Landschaft* bedeutet. Aber ich wollte jetzt nicht schon wieder nachfragen.

„È anche una bella giornata …“ Sie stand auf und machte die Terrassentür auf. „Che freddo … ma dove siamo?“

Ich musste lachen.

„Dai, Francesca. Non fa molto freddo. È normale qui in Germania.“

„Non fa freddo? Tu mi dici che non fa freddo? Però sei stato carino ad accendere il camino.“

„Devi venire qui quando è inverno. C'è tanto … come si dice? Ehm … tutto bianco …“

Sie unterbrach mich: „Tanta neve!“

Genau das Wort hatte ich gesucht: **la neve**, *der Schnee*.

„Francesca, questa sera andiamo a cena a casa di mio padre e mia madre.“

„Cosa, dai tuoi genitori? Tu sei pazzo! No, no, no!“

„Pazzo?“, fragte ich.

„Ah non sai cosa vuol dire?“

„No, non lo so.“

Sie brachte den Zeigefinger an ihre Schläfe und ließ dann den Finger hin und her drehen und sagte dabei: „Pazzo, pazzo.“

Jetzt wusste ich, dass **pazzo** *verrückt* heißt.

„Perché sono pazzo? Loro … come si dice …?“

Sie unterbrach mich: „Loro vogliono conoscermi, giusto?“

„Vogliono?“ Ich sah sie mit großen Augen an.

„Sì, vogliono dal verbo volere. Io voglio ancora un po' di caffè …“, erklärte sie und zeigte dabei auf ihre leere Kaffeetasse.

Loro vogliono bedeutet also *sie wollen*. Die Grundform ist **volere** und sie sagte **io voglio ancora un po' di caffè**, also *ich will noch ein wenig Kaffee*. Ganz schön schwierig. Ich fragte mich, wie wohl die anderen Formen lauten. Das wollte ich jetzt wissen.

„Ho capito, e se dico tu vuoi ancora un po' di caffè è giusto?“

„Sì. Tu vuoi … lui vuole … noi vogliamo … voi volete e loro vogliono.“

„Ho capito. Vado in cucina e porto il caffè.“

Ich wiederholte für mich: **Tu vuoi** bedeutet *du willst*. **Lui vuole** *er will*. **Noi vogliamo** ist *wir wollen* und **loro vogliono**, *sie wollen*, hatten wir schon vorhin. Gut. *Das gefällt mir*. **Mi piace**.

„Guarda, la schiuma!“

„Oh che gentile. Grazie. Sie kam zu mir und küsste mich. Es war einfach toll mit ihr, sogar mit geschäumter Milch konnte ich sie glücklich machen. Jetzt musste ich nur noch herausfinden, warum sie nicht zu meinen Eltern wollte.

„Perché non vuoi andare dai miei genitori? Anche tu mi hai già presentato ai tuoi genitori."

„Non ho il vestito giusto, non voglio venire con un paio di jeans e una maglietta. Capisci? Certo, sono contenta … ma non so …"

Es ging also nur darum, dass sie nicht die richtige Kleidung dafür hatte … hmm, das konnte doch nicht wahr sein!

„Ho solo il vestito rosso con me!"

„Il vestito rosso è bellissimo! Francesca, non ti capisco."

„Ma è un vestito per l'estate … comunque, ora lo provo."

Francesca hatte den Koffer bisher noch nicht vollständig ausgepackt und entdeckte darin ein „Ersatzkleid für alle Fälle", an das sie gar nicht mehr gedacht hatte: „Nico, guarda … ho questo vestito verde. È più adatto. Vedi?" Aus dem Koffer holte sie ein elegantes, dunkelgrünes Kleid.

„Aspetta, lo provo … dov'è lo specchio?"

„Specchio?", wiederholte ich.

Sie machte die Schranktür auf: „Ah eccolo!"

Jetzt wusste ich auch, dass **specchio** *Spiegel* heißt.

Schnell zog sie sich aus und mit einem frechen Lächeln sagte sie: „Non guardare …“

Ich musste innerlich schmunzeln. Ich sollte nicht schauen. Schnell zog sie das grüne Kleid an und stellte sich vor den Spiegel. Das Kleid war dunkelgrün, langärmelig mit hellbraunen Knöpfen und einem ebenso hellbraunen, aber schmalen Gürtel für die Taille.

„Come sto?“ Sie drehte sich mehrmals um sich selbst und lachte …

„Benissimo. Sei fantastica!“

„Bene, allora stasera andiamo dai miei genitori. Mia madre parla un po’ italiano …“

Francescas Augen leuchteten.

„Mi è già simpatica …“

Aha, meine Mutter war ihr jetzt schon sympathisch.

„Ma non so che scarpe mettere. Ho un paio di scarpe nere con i tacchi oppure stivali marroni e poi ho le scarpe basse, ma con quelle ho freddo. Beh, tu che dici?“

„Stivali marroni sono perfetti.“ Damit war auch klar, dass **stivali** die *Stiefel* sind.

„A che ora andiamo?“, fragte Francesca.

„I miei genitori cenano alle sei e mezza.“

„Così presto?“

Presto heißt doch *früh*.

„In Germania si mangia presto la sera."

„Di solito non ho fame a quell'ora, ma visto che abbiamo fatto colazione così tardi, va bene."

„Come?"

„No, niente, va bene così. Dove abitano?"

„Abitano a Herrsching, su un altro lago. Circa 20 km da qui."

„Erscing … una città?"

„Herrsching non Ersching, con H."

„Erscing."

Es war mir klar, dass es schwierig sein musste, ein h am Wortanfang auszusprechen, wenn man es nicht gewohnt war. Im Italienischen gibt es nur vier Wörter, die mit einem h beginnen: **ho**, **hai**, **ha**, **hanno**, also *ich habe*, *du hast*, *er* oder *sie hat* und *sie haben*. Alle anderen Wörter mit einem h am Anfang sind Fremdwörter und das h wird grundsätzlich nie ausgesprochen.

„Se vuoi, facciamo una passeggiata e poi facciamo una piccola siesta."

„Sì, penso che faremo una passeggiata, buona idea. Staremo fuori molto?"

Staremo … ich hatte es schon einmal gehört. Was war das nochmal für eine Form? Es kommt vom Verb **stare**, *sein*, *bleiben*, mit dem man auch einen Zustand beschreiben kann.

Ich fragte Francesca: „Staremo?“

„Sì, staremo … è il futuro di stare. Noi staremo fuori.“

Futuro bedeutet sicherlich *Futur*, also die Zukunftsform von **stare**. **Staremo fuori**. *Wir werden draußen bleiben.*

„Va bene. Facciamo una piccola passeggiata. Forse un'ora.“ Sie kam zu mir, küsste mich und ging dann nach oben, um sich warm anzuziehen. Sie brauchte ziemlich lange.

„Francesca … Francesca …“, rief ich von unten.

„Mhh… Sì, arrivo.“

Wir spazierten gemütlich runter zum See. Francesca schaute sich neugierig um.

„Ti piace?“

„Il lago è molto bello. Tranquillo. Come in una fiaba.“

„Una fiaba?“

„Sì, una fiaba … ehmm … Ansel e Gretel … questa è una fiaba.“

Es war echt interessant, wie sie Hänsel und Gretel aussprach, aber jetzt wusste ich, was eine **fiaba** ist, ein *Märchen*.

„Ma che ore sono?“, fragte sie mich.

„Le cinque.“

„Torniamo a casa? Prima di uscire voglio farmi una doccia."

„E io ti accendo il camino."

„Nico, sei così dolce!"

Il dolce ist doch *das Dessert*. Ich verstand es gerade nicht. Wurde ich als Dessert bezeichnet? Oder vielleicht meinte sie *süß*, wenn sie **dolce** sagte. Bestimmt. Ich wusste nicht, ob mir das gefiel.

Pünktlich um achtzehn Uhr dreißig standen wir vor dem Hauseingang meiner Eltern. Meine Mutter machte die Tür auf und strahlte: „Oh wie schön, dass ihr gekommen seid. Kommt herein!"

Bevor ich überhaupt etwas sagen konnte, passierte Folgendes: „Buonasera signora e grazie per l'invito. Piacere, sono Francesca e questi sono per Lei." Mit diesen Worten überreichte Francesca meiner Mutter einen Strauß Blumen, die sie auf unserem Spaziergang gepflückt hatte, und meine Mutter freute sich sehr darüber.

„Ma che gentile. Il piacere è tutto mio. Io mi chiamo Marlene. Entra. Ma sei bellissima!"

„Grazie Marlene."

Ich kam aus dem Staunen gar nicht mehr heraus. Es hörte sich so an, als hätte meine Mutter einen Intensivkurs Italienisch belegt.

„Lei parla benissimo l'italiano!" Francesca konnte auch sehr charmant sein.

„Oh grazie. Sì, io amo la lingua italiana. Mi piace l'opera. Molto."

Plötzlich ahnte ich etwas. Im großen Esszimmer stand ein Flügel und ich konnte mir schon jetzt den Verlauf des Abends ausmalen. Meine Mutter würde Francesca lieben. Im Flur kam uns mein Vater entgegen.

„Hallo Nico. Oh, guten Abend, Sie müssen Francesca sein. Es freut mich. Helmut Halbritter."

„Piacere Signor Alberitter."

Ich konnte buchstäblich sehen, wie die Krawatte meines Vaters zusammenzuckte. Ich glaubte, dass ihn bis zu dem heutigen Tag niemand so genannt hatte. Daher konnte ich mir ein Schmunzeln nicht verkneifen.

„Che bella casa!", rief Francesca.

„Oh grazie!", antwortete meine Mutter.

„È già buio adesso. Ti potevo far vedere il giardino. Abitiamo proprio sul lago. Abbiamo anche una piccola barca."

La piccola barca, ja … *das kleine Boot.*

Als wir ins Esszimmer kamen, leuchteten Francescas Augen: „Ma quello è un Bechstein Grandpiano del 1900 o del 1910. Una meraviglia!"

Mein Vater hatte kein Wort verstanden. Ich konnte immerhin verstehen, dass Francesca sofort den Hersteller des Klaviers erkannt hatte und dass es ein wunderbares Klavier sein musste. Meine Mutter schien beeindruckt von Francescas Wissen und fragte sie:

„Conosci il pianoforte?"

„Ma certo. È uno dei miei preferiti."

„Siediti pure, cara", sagte meine Mutter zu Francesca. Auf dem Tisch wartete schon eine warme Kürbiscremesuppe. Als wir alle saßen, stießen wir auf den schönen Abend an.

„Mmmh, buonissima!", kommentierte Francesca die Suppe.

„Ho preparato anche un ottimo brasato."

Es ärgerte mich schon ein wenig, dass meine Mutter besser Italienisch konnte als ich. Was war denn bloß **brasato**? Sie sagte es mir. Na schön, das war ein *Rinderschmorbraten.*

„Was machen Sie beruflich, Francesca?", wollte mein Vater wissen. Typisch mein Vater, das interessierte ihn immer am meisten.

Meine Mutter war schneller als ich: „Mio marito chiede quale professione tu fai?"

„Ah sì … Qual è la mia professione?" Francesca schaute mich kurz an. Ich lächelte und nickte ihr zu.

Sie fuhr fort: „Ecco … io sono … sono musicista e cantante."

Musicista bedeutet *Musikerin* und **cantante** *Sängerin*, das wusste ich natürlich schon.

„Davvero?" Meine Mutter war begeistert.

„Sì, insegno al conservatorio di Salerno."

Jetzt überlegte meine Mutter. **Il conservatorio** konnte nur *die Musikhochschule* sein. Mein Vater nickte und blieb still.

„Allora dopo cena suoni qualcosa per noi? Ti prego non dire di no."

Ich wusste, dass Francesca bei so einer Anfrage nie nein sagen würde.

„Ma volentieri." Sie nahm das Glas und sagte laut: „Salute!"

„Salute", antworteten meine Eltern.

Ich wusste nicht mehr, was **suonare** heißt, deshalb fragte ich meine Mutter. Sie sagte mir, dass es *spielen* bedeutet.

Das ganze Abendessen war komplett in den Hintergrund gerückt. Meine Mutter war so begeistert von Francesca, dass sie sogar *ihre Schwester*, **sua sorella**, dazuholen wollte. Sie fragte aber vorher: „Francesca, posso chiamare anche mia sorella e suo marito? Abitano qui vicino. Anche loro amano la musica."

Ich erinnerte mich: **i vicini** sind *die Nachbarn*.

Ach, die Tante Emma. Sie ist ja eine ganz Liebe, aber wenn sie anfängt zu reden, hört sie nicht mehr auf.

„Wo haben Sie studiert?", wollte mein Vater wissen. Francesca schaute mich an.

„Dove hai studiato?", übersetzte ich.

„A Salerno al conservatorio e sono stata un anno a Parigi per il canto."

Wieder einmal war meine Mutter schneller als ich: „In Salerno an der Musikhochschule und dann war sie für eine Gesangsausbildung ein Jahr in Paris."

„Wie sagt man auf Italienisch: Bene!" Jetzt fing sogar mein Vater mit dem Italienischen an.

„Sei di Salerno?", fragte meine Mutter.

„No, sono di Pollica, un piccolo paesino a circa cento chilometri a sud di Salerno. A pochi chilometri dal mare. Ci dovete venire. È bellissimo."

"Oh grazie. A me piace molto l'Italia. Adesso chiamo mia sorella."

Francesca kam gar nicht dazu, auf die Frage, ob sie einverstanden sei, zu antworten. Mittlerweile standen wir in dem großen Zimmer vor dem Kamin. Die Stimmung war locker und angenehm. Mein Vater ging zu seiner Bar, holte eine Flasche heraus und fragte Francesca: „Möchten Sie probieren?“

Ich beeilte mich zu übersetzen: „Vuoi provare?“

„Cos´è?“

„Mio padre beve volentieri un bicchiere di whiskey dopo cena. Lui ha una … come si dice … grande … Sammlung …“

„ … collezione. È un intenditore!“, fügte meine Mutter hinzu. Jetzt wusste ich, dass **intenditore** *Kenner* heißt. Ich war wirklich beeindruckt von den Italienischkenntnissen meiner Mutter.

“Sìì … volentieri.“ Francescas Nicken war eindeutig. Und mein Vater freute sich, dass jemand mit ihm seine Leidenschaft teilte.

Während die beiden den Whisky genossen, klingelte es an der Tür. Ich begrüßte meine Tante und ihren Mann. Dann stellte ich Francesca vor: „Tante Emma, Karl … Francesca aus Italien.“

„Francesca, questa è mia zia Emma e questo è suo marito Karl.“

„Piacere!“, sagte Francesca. Die beiden nickten. Francesca setzte sich ans Klavier und fing an, ihr Lieblingsstück „Fly me to the moon“ zu spielen. Im Raum herrschte für einen Augenblick eine bedächtige Stille, bis Francesca ansetzte. Der Klang verteilte sich im ganzen Raum und entfaltete eine magische Wirkung auf mich. Als sie dann sogar noch anfing zu singen, war es einfach herrlich, ihre Stimme im Einklang mit der Musik zu hören. Auch meine Mutter merkte, dass sie echt gut war.

Als sie das Stück beendet hatte, applaudierten wieder alle begeistert. Francesca nickte, nahm noch einen großen Schluck Whiskey und zeigte mit dem Glas in Richtung meines Vaters. Er zwinkerte ihr zurück und sie spielte weiter. Ich wusste nicht, was sie spielte, aber meine Mutter schien es zu kennen. „Chopin …“, flüsterte sie mir zu und schwärmte: „Sie ist wunderbar!“ Ich stimmte ihr zu und zur Abwechslung überraschte ich einmal sie mit einer spontanen Äußerung auf Italienisch: „Sì, lei è meravigliosa!“

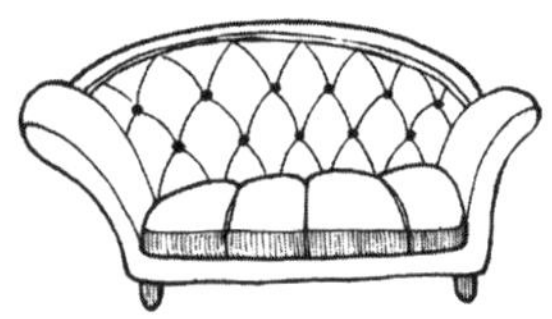

5. L'INTERMEZZO

Das Intermezzo

„Nico, quel whiskey di tuo padre era buonissimo", sagte Francesca mit einer Stimmlage, die ich von ihr noch nicht kannte. Sie klang wie eine Diva nach einer erfolgreichen Show. Der Whiskey meines Vaters war offensichtlich hervorragend und ja, die Vorstellung bei meinen Eltern war sehr gelungen. Sie fügte hinzu: „Penso di aver fatto colpo su tua madre … e anche su tuo padre."

„Fatto colpo?"

Francesca lachte, als ich die Frage stellte. Ich hockte wieder zu Hause vor meinem Kamin und versuchte, Feuer zu machen, während sie es sich schon auf der Couch bequem gemacht hatte.

„Sì, ho fatto colpo sui tuoi genitori, come tu hai fatto colpo su di me e io su di te … giusto?"

Mit einem großen Holzstück in der Hand drehte ich mich zu ihr um und schüttelte den Kopf.

Sie versuchte es mir zu erklären: „Fare colpo su

qualcuno vuol dire piacere a qualcuno, vuol dire che le persone sono interessate a conoscerti. Capisci?“

Ich legte das Holzstück auf das kleine Feuer. Wenn ich es richtig interpretiert hatte, heißt es so viel wie Interesse bei anderen Menschen wecken, **piacere a qualcuno**, *jemandem gefallen*, also *jemanden beeindrucken*, **fare colpo su qualcuno**. Natürlich. Ein schöner Ausdruck. Ich wiederholte, was Francesca gesagt hatte: „Ho fatto colpo su di te.“ Also, nach dem **su** braucht man noch die Präposition **di** vor einem Personalpronomen wie in dem Fall **te**.

„Sei stanca?“, fragte ich.

„Sì, un po’. È stata una bella serata!“

„Sì, è vero. Mia madre vuole che torniamo. Lei ti vuole vedere ancora.“

„Ah, mi vuole rivedere, si dice, rivedere e non vedere ancora. Mi fa piacere. Certo, anch’io sono contenta se ci rivediamo. E poi, lei parla benissimo l’italiano.“

Ach ja, genau, *wiedersehen* heißt **rivedere**!

„Vieni qua, Nico!“

Ich legte mich zu ihr auf die große Couch und wir schliefen Arm in Arm ein.

„Oh, ma che ore sono?“, fragte Francesca noch im Halbschlaf.

„Sono le sette ..."

„Le sette? Abbiamo dormito tutta la notte sul divano? Così, con i vestiti? Roba da matti! Perché non mi hai svegliato prima?"

Ja, wir waren angezogen auf der Couch eingeschlafen.

„Roba da matti?", fragte ich auch im Halbschlaf.

„Nico, cose che fanno i pazzi ... voglio dormire ancora un po'."

Cose che fanno i pazzi, aha, *Dinge, die Verrückte tun*. Also, **roba da matti** bedeutet so etwas wie *Wahnsinn*.

„Accendi il fuoco?", flüsterte sie noch mit geschlossenen Augen. Sie wollte, dass ich Feuer mache. Ich stand auf und sah, dass es im Kamin noch glühte. Ich legte noch ein Stück Holz auf die glühende Asche und schon gab es eine schöne, warme Flamme.

Eine Stunde später wachte Francesca auf und als sie den gedeckten Frühstückstisch sah, umarmte und küsste sie mich und sagte: „Ho sempre desiderato un uomo come te, che mi prepara una colazione perfetta."

„Sì, sì, una colazione perfetta per una donna perfetta!", antwortete ich. „Questa sera andiamo in un ... come si dice ... in un jazz bar, ecco ... si chiama Intermezzo, c'è un piccolo concerto. La musica ti piace, giusto?"

„La musica è la mia vita, il mio lavoro, la musica è tutto per me. Sono contenta. E chi ci sarà?"

Ich hatte den letzten Teil des Satzes nicht ganz verstanden … **chi ci sarà** … **chi** heißt *wer*, das weiß ich, aber **ci sarà** kannte ich nicht.

„Francesca, scusa, non capisco ci sarà. Cosa vuol dire?"

„Sarà è il futuro di essere e ci vuol dire in quel posto, per non ripetere ‚chi sarà al jazz bar' si può dire ‚chi ci sarà' … mmhh questa marmellata è ottima … buonissima. Chi la fa?"

Also, **sarà** ist die Zukunftsform von **essere** und **ci** ersetzt in dem Fall die Jazzbar, also das Objekt, und es bedeutet so viel wie *dort*: **chi ci sarà**, *wer wird dort sein*.

„Il futuro di essere?"

„Sì, io sarò, tu sarai, lui sarà, noi saremo, voi sarete, loro saranno … e io sarò felice se mi dai ancora un po' di caffè e dimmi chi fa quella marmellata."

Ich ging in die Küche, um Kaffee zu holen und wiederholte schnell die Zukunftsformen von **essere** im Kopf: **io sarò, tu sarai, lui sarà, noi saremo, voi sarete, loro saranno**. Wie sagte sie? **Io sarò felice**, *ich werde glücklich sein*.

„Ecco il caffè … la marmellata? Mia madre."

„Non ho mai mangiato una marmellata così buona."

Ich versuchte auf ihre Frage zu antworten, denn sie wollte ja wissen, wer abends da sein würde.

„Ci sar … saranno …? Giusto?"

„Sì, giusto, vai avanti!"

„Ci saranno i miei amici … sono quattro. Loro suonano. È un posto molto bello al centro."

„Magari ci andiamo prima, così potremo anche mangiare qualcosa, d'altronde prima o poi avremo fame. Che ne dici?"

Jetzt war ich überfordert … Ich konnte mich an **magari**, *es wäre schön*, *vielleicht* erinnern, aber **potremo** kannte ich nicht. Ich merkte, ich war wirklich noch am Anfang mit der Sprache. Francesca bemerkte meine Verzweiflung und sorgte für Abhilfe.

„Non hai capito tutto, vero?"

„No! Potremo … ‚oltronde' … avremo? Ne dici? Per me è cinese, non italiano", sagte ich verwirrt.

„Oh Nico, ti spiego tutto io, con calma … allora potremo è come saremo. Noi potremo mangiare qual cosa. Futuro di potere. Okay?"

Ich nickte. **Potere** bedeutet *können* und **noi potremo** ist *wir können* in der Zukunftsform, also als würde ich im Deutschen *wir werden können* sagen.

Sie fuhr fort: „Poi … mmhh, ah sì: d'altronde. Si usa molto in italiano. Si può anche dire comunque o d'altra parte."

Ich meinte zu verstehen, was sie mir erklärte: Dieser Ausdruck **d'altronde** wird im Italienischen oft benutzt und hat die gleiche Bedeutung wie **comunque** oder **d'altra parte. D'altra parte** heißt doch *auf der anderen Seite*, ja natürlich: *andererseits*! Und **comunque** kannte ich als Übersetzung für *also* oder *übrigens*. Der neue Ausdruck gefiel mir: **d'altronde**. Aber da war noch ein seltsames Wörtchen: **ne**. Sie hatte mich gefragt: **che ne dici?** Ich kannte aber nur **che dici**? *Was sagst du*?

„Cosa vuol dire ne … che ne dici?"

Francesca lächelte und wiederholte die Frage, aber auf ihre Art: „Che ne dici se ti do un bacio? Mmmh … che ne dici, se questa sera ti invito io a cena?"

„Un bacio?", sagte ich. Ich liebte ihre Küsse.

„Sì, che ne dici?" Sie kam näher … Sie küsste mich und dann fragte sie wieder: „Che ne dici?"

Ihre Stimme hörte sich so an, als wolle sie wissen, ob es mir gefallen hatte. Aber ergab das einen Sinn? Instinktiv antwortete ich:

„Mi piace!"

„Bene, allora sai cosa vuol dire."

Dann weiß ich, was es bedeutet?

„No, non lo so. Come?“

„Che ne dici vuol dire che dici di questa cosa.“

Also, jetzt musste ich das mal für mich übersetzen: **che ne dici** bedeutet *was du zu dieser Sache sagst* … einen Moment … vielleicht meinte sie ja *was hältst du davon*? Das wäre auf jeden Fall logisch. Was hältst du davon, wenn ich dir einen Kuss gebe? Oder was hältst du davon, wenn ich dich heute Abend zum Abendessen einlade? Das war es! Wirklich toll, welche Fortschritte ich mit Francesca schon gemacht hatte.

„Bene, ho capito. Grazie. All'Intermezzo si può mangiare. Non è un problema.“

„D'accordo, allora mi vado a preparare. Sarà una bella serata.“

Sarà, schon wieder Zukunft … **sarà**, *es wird sein*. Ja. So langsam lernte ich es.

Als wir die Jazzbar Intermezzo betraten, kam mir auch schon Jan entgegen, einer der Musiker. Sie waren auch gerade angekommen. Das Lokal war noch ziemlich leer. Jan hatte an einem kleinen runden Tisch direkt vor der Bühne zwei Plätze für uns reserviert.

„Jan, das ist Francesca aus Italien. Francesca, questo è Jan, mio amico. Musicista.“

„Piacere, Francesca. Che bel posto! Tu cosa suoni?“

„Chitarra … e come si dice? Canto.“

„Ah bene.“

„Ecco gli altri amici“, kündigte ich an, als ich die drei aus dem Raum hinter der Bühne kommen sah.

„Hey Nico, schön dich zu sehen! Alles klar bei dir?“

„Danke, ich freue mich auch! Ich stelle mal vor: Das ist Francesca.“

„Salve, piacere, Francesca.“

„Sono Max … italiana?“

„Sì, sono italiana e tu sei …?“

„Io mi chiamo Michael.“

„Fred!“

„Allora, tu sei Jan, tu sei Fred, Michael e Max. Ho capito!“

Max konnte ein wenig Italienisch und versuchte auch gleich, etwas zu sagen: „Ora facciamo un po’ di prove per il concerto. Ci vediamo dopo!“

„Tu cosa suoni, Max?“

„Ah, io … suono … piano.“

„Ah, benissimo! A dopo!“

Dann sprach Francesca wieder mit mir.

„Simpatici i tuoi amici. Ci sediamo?“

„Sì, sono molto simpatici! Ecco il tavolo."

„E loro che tipo di musica fanno?"

„Jazz, Blues … sì, qualcosa così. Hai fame?"

„Sono curiosa di sentirli suonare. A che ora cominciano?"

Was war gleich wieder **curiosa** … ach ja, *neugierig*. Genau!

„Cominciano alle otto, penso!"

„Ah, allora mangiamo prima qualcosa. Mi dai il menu per favore?"

„Ecco."

„Oh no! È tutto in tedesco! Non capisco niente. Nico, aiuto! Cosa c'è scritto qui … ma …"

„Francesca, siamo in Germania. Il menu è in tedesco", grinste ich sie an.

„Spiritoso!"

„Spiritoso?"

„Ecco, adesso ti devo anche spiegare cosa vuol dire spiritoso, giusto?"

„Non conosco la parola spiritoso. In tedesco c'è la parola Spirituosen e vuol dire liquori."

„No, no, spiritoso è una persona che fa ridere, una persona divertente, capisci?"

„O come 'in nomine Patris, et Filii, et Spiritus Sancti'."

Francesca lachte und schüttelte den Kopf.

Una persona divertente … *eine amüsante Person*? Ähm … **spiritoso**, was konnte das bedeuten, überlegte ich … **ridere** ist doch *lachen* … also *witzig* … **spiritoso**. Das passte.

„Ordina tu per me, prendo quello che prendi tu."

Ich sollte für sie bestellen, sie wollte dasselbe nehmen wie ich. Ich bestellte zwei Wiener Backhendl mit Bratkartoffeln, frittierter Petersilie und Zitronensoße. Dann unterbrach sie mich: „Io voglio una birra!" Ein Bier für sie und ich nahm ein Glas Rotwein. Als die Bedienung mit den Getränken kam, staunte Francesca über den halben Liter Bier. „Ma cosa mi ha portato? Non volevo mica ubriacarmi?"

Sie wunderte sich über das gigantische Bier im Krug, aber den Rest hatte ich nicht verstanden: **mica, ubricarmi** oder so etwas?

Ich fragte sie, was sie meinte: „Francesca, mica … Cosa hai detto?"

„Non voglio mica ubriacarmi … sai … ubriacarsi, quando bevi tanto alcool, sei ubriaco."

Ah, das war jetzt klar. Wenn man viel Alkohol trinkt, ist man *betrunken*, **ubriaco**, und **ubriacarsi** war *sich betrinken*.

„E cosa vuol dire mica?"

„Mica … allora, io posso dire: non voglio ubriacarmi, okay? Ma se voglio essere più chiara e più decisa, allora dico non voglio mica ubriacarmi. Capisci?"

Ich hatte bemerkt, dass Sie dieses **mica** besonders stark betont hatte. Der erste Satz: **non voglio ubriacarmi** war mir klar: *ich will mich nicht betrinken*. Das zweite Beispiel war: **non voglio mica ubriacarmi**. Jetzt überlegte ich, was ich auf Deutsch in so einem Satz einfügen würde, um die Aussage zu betonen. Ja, natürlich: *Ich will mich doch nicht betrinken*! Das war es … **mica** heißt also *doch*.

„In Baviera la birra è così grande, quasi sempre metà di un litro." Ich zuckte mit den Schultern und musste dabei lachen.

„Mezzo litro di birra e va bene. E allora, alla nostra salute."

Ach, klar, *ein halber Liter* war **mezzo litro** und nicht **la metà di un litro. La metà di un litro** hieße ja *die Hälfte von einem Liter*. Wir prosteten uns zu, küssten uns und die ersten Klavierklänge erfüllten schon den Raum. Francesca war ganz gespannt. Sie nahm meine Hand und ich hatte das Gefühl, dass sie in dieser Jazzbar nur für uns spielten. Francesca lehnte ihren Kopf an meine Schulter. Nach der ersten Pause kamen die Musiker zu uns.

„Bravissimi!", sagte Francesca und fügte hinzu: „Un bel pianoforte, il contrabbasso mi piace molto, tu sei bravo a cantare … e il batterista è molto discreto."

Ich glaubte, sie hatten mehr oder weniger verstanden, was sie gesagt hatte. Max wollte jetzt wissen: „Suoni anche tu?"

„Sì, anch'io sono musicista!"

„Pianoforte?"

„Sì, piano e canto."

„Dopo proviamo una cosa con te. Okay, ora andiamo. A dopo."

Ich hatte es mir schon gedacht, dass es wieder so enden würde … mit Francesca auf der Bühne, die das Publikum verzauberte! Ich sah ihr an, dass sie glücklich war.

„Sei contenta?", fragte ich sie.

„Molto. Sono felice con te!"

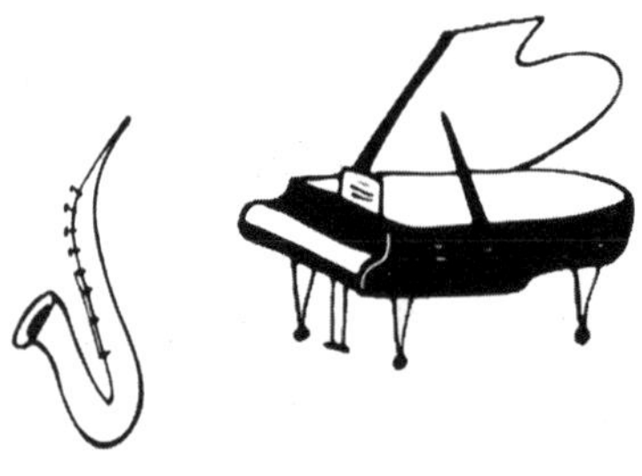

6. UNA GITA SUL LAGO DI GARDA

Ein Ausflug zum Gardasee

„Che bella serata!“, schwärmte Francesca auf dem Rückweg nach Hause.

„Sì, molto bella!“, antwortete ich. „Il padrone dell’Intermezzo, Markus, vuole che tu suoni venerdì prossimo, ma è fantastico“, fügte ich noch hinzu.

„Ma ci pensi? È bellissimo. Mi ha anche chiesto quanti soldi voglio“, sagte Francesca.

„Aha ... e tu, Francesca, cosa hai detto?“

„E io ... e io gli ho detto che lui ci deve offrire la cena e da bere ... sono amici tuoi e poi, insomma, io sono qui in vacanza e a me piace suonare.“

Gli ho detto heißt ja *ich habe ihm gesagt*, und, super, den Rest hatte ich auch verstanden: **che lui ci deve** bedeutet *dass er uns ... soll.* Ja genau, dass er uns ein Abendessen und die Getränke spendieren soll und dass es ja auch Freunde von mir sind, und außerdem gefällt es Francesca ja auch zu singen.

„Va bene, allora … come si dice … ‚passereremo' un'altra bella serata e io ti ‚poterò' vedere suonare?"

„Nico, passeremo una bella serata … passeremo. E poi si dice io ti potrò vedere … potrò, okay?"

Aha, **passeremo** ist die richtige Form für *wir werden verbringen* und *ich werde dich sehen können* heißt **ti potrò vedere**.

„Grazie Francesca."

„Prego!"

„Ah, Francesca, è arrivata una mail dalla mia università. Il mio collega è malato e io devo andare domani … sul Lago di Garda. Lì c'è un congresso internazionale di fisica e …" Ich konnte nicht einmal zu Ende erklären, dass ich als Redner auf einem Kongress am Gardasee für einen Kollegen einspringen sollte, da intervenierte Francesca schon:

„Eh, scusa, e io? Mi molli qua così?", fragte sie aufgeregt.

„Come? Molli? Cosa vuol dire molli?"

„No, prima voglio sapere se mi lasci qui da sola?"

„Tu, qui da sola?"

„Sì, io qui da sola non ci sto, no, no e poi no!"

„Ah, Francesca, ma no … tu vieni con me! Certo. Due giorni sul Lago di Garda. No, scusa … Noi andiamo insieme."

Zum Glück hatte sie sich beruhigt. Für einen Moment dachte sie, dass ich sie hier zwei Tage allein lasse. Dabei wollte ich ihr erklären, dass ich einen Vortrag über Physik halten musste. Ich versuchte es nochmal: „Io devo parlare … tanta gente, come si dice?“

„Parlare con tanta gente?“

Sie schien nicht zu verstehen.

Ich überlegte: „Sì, io parlo e la gente ascolta.“

„Ah, devi tenere una relazione, ho capito.“

„Sì, tenere una relazione … giusto … una relazione di fisica.“

La relazione ist *der Vortrag* und **tenere una relazione** heißt *einen Vortrag halten.*

„E dove sul Lago di Garda?“, fragte Francesca.

„A Lazise. Conosci Lazise?“

„No, mai sentito.“

Mai sentito … ich musste mal wieder kurz überlegen, was das heißt … **sentire** bedeutet doch *hören* … und **mai** *nie.* **Mai sentito** … logisch: *nie gehört.*

„Quanto ci vuole per arrivarci?“

Ich konnte mich an **ci vuole** erinnern, damit ist gemeint, wie lange man braucht. Aber warum **arrivarci**? Ich kannte **arrivare**, *ankommen.*

„Francesca, perché arrivarci e non arrivare?“

„Ti ricordi di chi ci sarà al jazz bar? Ci significa in quel posto … là. Io posso dire quanto ci vuole per arrivare a Lazise? Oppure posso dire quanto ci vuole per arrivarci? Così non devo più ripetere Lazise."

Jetzt konnte ich es besser verstehen. Das **ci** bedeutet so viel wie *dort* oder *dorthin*. Das hatten wir schon einmal. Wenn man das benutzt, kann man das Objekt weglassen. Das Wort **ripetere** war mir auch nicht neu: *wiederholen*.

„Per arrivare a Lazise, forse cinque ore … Conosci il Lago di Garda?"

„No, non ci sono mai stata." Jetzt hatte sie wieder dieses **ci** benutzt. Aber nun war es mir klar: Sie ist noch nie *dort* gewesen.

„E che tipo di relazione devi tenere?"

Oh, was für einen Vortrag ich halten muss … hm, das war nicht einfach zu erklären, aber ich kannte ein paar Fachwörter, denn ich hatte oft mit Kollegen aus Italien zu tun. Ich kannte das Wort **materia**, das bedeutet *Fach*. Und ich wusste auch, wie man auf Italienisch *Weltraumphysik* sagt: **fisica spaziale**.

„È una relazione di fisica spaziale."

„Fisica spaziale?"

„Sì, è la materia che io … come si dice … all'università …"

Francesca hatte verstanden, was ich meinte: „La materia che tu insegni all'università."

Das Wort hatte mir gerade gefehlt: **insegni** … *du unterrichtest* … ich konnte davon ausgehen, dass die Grundform *unterrichten* **insegnare** lautete.

„Interessante … di qualc argomento parla la tua relazione?"

Francesca ließ nicht locker. Sie wollte unbedingt wissen, worum es in dem Vortrag ging. Zum Glück kannte ich den Ausdruck auf Italienisch: **venti solari**, *Solarwinde*: „È una relazione … venti solari."

„Sui venti solari? Non sono brava in fisica … ne ho sentito parlare. Tu sei davvero uno scienziato."

„Sì, un po'."

„Non fare il modesto!", sagte sie.

Das Wort kannte ich auch nicht.

„Il modesto?"

„Sì, una persona modesta, è una persona importante che dice di non essere importante."

Sie meinte, *eine wichtige Person*, **una persona importante**, die aber sagt, sie sei gar nicht wichtig. Da musste ich überlegen.

Francesca schaute mich verdutzt an: „Hai capito?", fragte sie mich.

„Forse …"

Mir fiel nur ein Wort ein, das vielleicht dazu passen konnte: *bescheiden.* Das musste die Bedeutung von **modesto** sein. Ich fragte sie: „Tu sei modesta?"

Sie lachte.

„Io sono un'artista." **Un'artista**, *eine Künstlerin.* Also heißt **modesto** wohl tatsächlich *bescheiden.*

„A che ora partiamo domani?", fragte sie mich.

A che ora, das kannte ich: *um wie viel Uhr.* Und ich konnte auch darauf antworten, denn ich erinnerte mich noch daran, dass Francesca den Ausdruck verwendet hatte, kurz nachdem wir uns in Süditalien am Strand kennengelernt hatten. **Alle otto** wollte sie mich abends abholen, hatte sie damals gesagt.

„Alle otto."

Am nächsten Morgen saßen wir um acht Uhr bereits im Auto.

„Che bello, un viaggio attraverso le Alpi! Che emozione! Non ho mai attraversato le Alpi in macchina. Che strada facciamo?"

Francesca freute sich auf *die Reise*, **il viaggio** … **attraversare** war doch *überqueren* … ja, ich hatte es schon einmal gelesen. Dann fragte sie mich: **Che strada facciamo?** *Welche Route fahren wir?*

„Garmisch, Innsbruck, Bolzano, Trento, Verona … conosci Garmisch?"

„Sì, ne ho sentito parlare … la città è famosa per gli sport invernali."

„Ne ho sentito parlare … cosa vuol dire ne?"

„Ti ricordi Nico? Ieri ho detto: Che ne dici se ti do un bacio?"

Ich unterbrach sie. Natürlich! Das **ne** wird also benutzt, um etwas zu ersetzen. Hier also *davon.* „Mi ricordo, Francesca. Non hai mai sentito di Lazise. Non ne hai mai sentito parlare, per non ripetere ‚di Lazise'."

„Hai ricordato bene, Nico, sei bravissimo!"

Ich fragte Francesca, ob sie eine kleine Pause machen wollte: „Francesca, beviamo un caffè?"

„Sì, perché no? Una piccola pausa … va bene, ma dove siamo?"

Sie war mit einer kleinen Pause einverstanden und sie wollte wissen, wo wir gerade waren.

„Siamo a Garmisch."

Ich kannte ein kleines Café an der Landstraße kurz hinter Garmisch. Von dort aus hatte man einen schönen Blick über die Stadt.

Während wir auf der Terrasse saßen, bewunderte Francesca die hohen Berge und die Vegetation: „Che bello … queste montagne, piene di alberi e i prati così verdi. Un verde così da noi al sud non lo vedi, è un verde diverso, un verde fresco."

Ich hörte ihr zu und freute mich, dass sie so glücklich war. **I prati così verdi** … *die Wiesen so grün* und, was mir besonders gefiel, war die Spezifizierung der grünen Farbe: **un verde fresco**, *ein frisches Grün*. Aber was waren **alberi** gleich wieder?

„Francesca, ho dimenticato cosa vuol dire alberi."

„Quello è un albero … un abete."

Sie zeigte auf *einen Baum*, das war **un albero**. Und es war eine Tanne, **abete** bedeutete also *Tanne*.

„E sulle montagne c'è già la neve. Chissà com'è qui d'inverno …", fügte sie hinzu.

Ich hatte das Wort **chissà** schon lange nicht mehr gehört. Ich wusste, dass es *wer weiß* heißt.

„Quanto mi piacerebbe fare una bella passeggiata nel bosco, da noi boschi così non ce ne sono."

Una passeggiata nel bosco würde sie gerne machen. *Einen Spaziergang im Wald*. Aber auch der Ausdruck **quanto mi piacerebbe** hatte mein Interesse geweckt.

„Francesca, quanto mi piacerebbe … cosa vuol dire?"

„Quanto mi piacerebbe stare con te tutta la vita", sagte sie lachend. Ich hatte aber nur die Hälfte verstanden: **tutta la vita**, *das ganze Leben*.

„Tutta la vita? Cosa?", fragte ich nach.

„Oh Nico, dai … quanto mi piacerebbe, quanto lo sai cosa vuol dire: quanto costa, quanto tempo …“

„Sì, chiaro.“ Natürlich, **quanto** bedeutet *wie viel* oder *wie sehr* .

„Bene, mi piacerebbe è la forma condizionale di mi piace … capisci se dico condizionale?“

„Sì, condizionale …“

Jetzt hatte ich es kapiert: **mi piacerebbe** ist die Konditionalform von **mi piace**, also *es würde mir gefallen.* Zusammen ergab **quanto mi piacerebbe** also auf Deutsch *wie sehr es mir gefallen würde …*

„Possiamo fare una passeggiata nel bosco. Vicino di casa mia ci sono tanti boschi.“

„Nico, non si dice vicino di, ma vicino a casa mia.“

Ja, richtig, mit **vicino** muss man immer die Präposition **a** benutzen. Das musste ich mir merken: **vicino a**, *in der Nähe von.*

Nachdem Francesca ihren Espresso getrunken hatte, schaute sie mich verzweifelt an.

Ich fragte sie: „Cosa c’è?“

„Questo caffè fa schifo … ma come si fa?“

Ich hatte nicht genau verstanden, was sie sagte, aber ihr Gesichtsausdruck sagte alles. Ich musste laut lachen.

„E smettila di ridere, questo caffè è davvero un’offesa!“

Oh, jetzt brauchte ich einige Erklärungen.

„Francesca, cosa hai detto? Il caffè fa …?"

„Fa schifo! È terribile."

Aus ihrem Gesichtsausdruck konnte ich nur schließen, dass **fa schifo** so etwas wie *ekelhaft* sein musste. Ganz unrecht hatte sie nicht. Der Kaffee war wirklich nicht gut. Was ich aber nicht erraten konnte, war **smettila** … Ich fragte sie, was **smettila** heißt.

„Te lo spiego in macchina, dai … andiamo."

Als wir wieder im Auto saßen, machte Francesca es sich gemütlich. Sie zog die Schuhe aus und saß im Schneidersitz auf dem Beifahrersitz.

„Allora, attenzione: smettila è una parola che si usa molto. Il verbo è smettere, come mettere con la ‚s' davanti …"

Ich wusste, das **mettere** *legen*, *stellen* heißt.

„Sì, conosco mettere", antwortete ich.

„Bene … smettere vuol dire finire di fare qualcosa. Smettere di leggere … vuol dire non leggere più, oppure smettere di parlare … non parlare più … va bene?"

„Smettere la radio?", fragte ich und schaltete dabei das Radio aus.

„No, spegnere la radio, ma smettere di ascoltare la radio."

Jetzt verstand ich: **smettere** ist *aufhören*. **Spegnere** dagegen heißt *ausschalten*.

„Sì, ho capito, ma smettila?“

„Sì, non è facile. ‚La‘ è astratto, forse per dire una cosa non definita e si dice smettila.“

Dieses **la** ist mehr oder weniger abstrakt, eine un definierte Sache. **Smettila** kann man dann mit *hör auf damit* übersetzen. Das sollte ich mir auch merken.

„Come si chiama l'albergo a Lazise?“, fragte Francesca.

„Albergo Italia … come si dice … ehm … guardiamo il navigatore.“

„Ah, vuoi inserire l'albergo nel navigatore?“

Das Wort hatte mir gefehlt: **inserire**. Das entsprach wohl dem deutschen *eingeben*.

„Sì, per favore!“

Francesca fing an, die Adresse des Hotels einzugeben. Dann schaute sie sich das Hotel im Internet an.

„Nico, ma questo non è un albergo, è un palazzo! È un albergo cinque stelle superlusso! Ma sei sicuro?“

„Certo … tutto bene!“

Als wir vor dem Hotel standen, wollte Francesca es immer noch nicht glauben, dass wir dort einchecken würden.

„Ma è magnifico … un sogno.“

Un sogno, sagte sie. Ja, das Hotel war wirklich *ein Traum*.

Wir gingen zur Rezeption. Der Mann hinter der Theke begrüßte uns freundlich: „Buongiorno, avete una prenotazione?“

„Sì, Halbritter.“

„Un momento. Ah, ecco signori Halbritter … camera 414 al quarto piano, con vista lago. Buona permanenza.“

„Grazie.“

Francesca schaute mich verdutzt an: „I signori Alberitter … siamo già marito e moglie?“

Ich schmunzelte bei dem Gedanken, als verheiratetes Paar unterwegs zu sein.

„Certo, Francesca … andiamo a vedere la camera.“

Ich hörte, wie Francesca leise für sich die Worte des Rezeptionisten wiederholte: „I signori Alberitter …“

7. CHE COMBINAZIONE!

So ein Zufall!

„Ma questa è una suite, è fantastica! Allora, io ho già dormito in molti alberghi. Ma questo li batte tutti, davvero. Oh, Nico, il mio scienziato preferito. Hai visto il balcone con la vista sul lago? Incredibile. Sono felice di essere qui con te."

Francesca war sichtlich beeindruckt. Sie sagte, ich sei ihr *Lieblingswissenschaftler* … **scienziato preferito**. *Der Blick auf den See*, **il panorama sul lago**, gefiel ihr besonders gut. Aber eins hatte ich nicht verstanden: „Francesca, cosa vuol dire questo li batte tutti?"

„Ah, Nico, battere, non conosci questa parola?"

„No."

Francesca fing an, mit der Handfläche auf den Tisch zu schlagen. „Questo è battere."

Aha, **battere** bedeutet also *schlagen*.

Sie erklärte weiter: „Questo albergo batte tutti gli altri, capisci?"

Ich musste kurz nachdenken. Dieses Hotel … ach

ja klar! Dieses Hotel *schlägt alle anderen* bzw. *schlägt sie alle* … **li batte tutti**.

„Aspetta, chiamo a casa."

Sie wollte zu Hause anrufen und ich hörte zu, wie sie mit ihrer Mutter telefonierte:

„… Sì, siamo sul Lago di Garda … Come? Siamo appena arrivati … No, mamma … da Monaco ci abbiamo messo circa cinque ore … È bellissimo! Siamo in un albergo superlusso, abbiamo una vista sul lago, poi ti mando una foto … Ma no, non prendo il treno per venire a casa. Io poi torno con Nico a Monaco, ho l'aereo da Monaco … Sì, anche lui vi saluta. Un bacio. A presto. Sì, ciao …. Ciao … va bene! Sì, a presto. Ciao."

„Tutto bene a casa?", fragte ich, nachdem sie das Telefonat beendet hatte.

„Sì, sì, ti salutano tutti."

Alle richteten Grüße an mich aus. Es freute mich, dass ich ihnen gut in Erinnerung geblieben war.

„Grazie."

„Mia madre è così buffa … pensa che io adesso torni a casa in treno. Ha dimenticato che ritorno giù in aereo."

Aha, ihre Mutter hatte ganz vergessen, dass sie ja zurückfliegt. Und da war noch dieses Wort **buffa**, was war das gleich wieder? Ich hatte das Wort bereits gehört, musste aber trotzdem nachfragen:

„Cosa vuol dire buffa?“

„Una persona buffa è una persona comica, che fa ridere.“

Eine Person, die andere zum Lachen bringt … **comico** ist doch *komisch* … vielleicht hier *witzig*. Das konnte ich mir gut vorstellen. Ihre Mutter war wirklich witzig. Ich hatte sie ja erlebt.

„Bene, Francesca. Io devo preparare il mio lavoro per domani … per … come si dice?“

„… per la relazione?“

„Sì, per la relazione.“

„Bene, e io vado a farmi un bel bagno … a che ora andiamo a cena?“

„Penso alle sette o anche sette e mezza.“

„E dove? Conosci un posto carino?“

Carino war doch *nett*, glaubte ich mich zu erinnern. Ob ich einen netten Ort kenne, wollte sie wissen. Aha, **un posto carino** bedeutete in diesem Fall also *ein nettes Restaurant* oder *ein nettes Lokal.*

„Sì!“, antwortete ich, ohne zu zögern.

„Qui in albergo c'è un ristorante bellissimo con una terrazza sul lago … molto bello.“

„Perfetto. Io adesso vado a farmi un bagno … mi rilasso un po' e ti lascio lavorare. Va bene, scienziato?“

Anscheinend amüsierte es sie, mich **scienziato**, *Wissenschaftler,* zu nennen.

„Va bene."

„Un bacio …"

Sie kam zu mir und küsste mich. Das war schön. Immer wenn ich sie umarmte, fühlte sie sich im Gegensatz zu ihrer temperamentvollen Art so zart und grazil an.

Sie löste sich aus meiner Umarmung und sagte: „D'accordo. Ora vado a fare il bagno. Tu dove lavori?"

Wo ich denn arbeiten würde, fragte sie mich. Ich musste kurz überlegen: „Io vado nella sala a vedere se tutto va bene per domani."

Sie küsste mich nochmal.

„A dopo", sagte sie und verschwand in dem großen Badezimmer.

Ich nahm mein Notebook, ein paar Unterlagen und ging zu dem Saal, in dem am nächsten Tag der Kongress stattfinden würde. Ich begann mit meiner Arbeit. In dem großen Raum herrschte einen Tag vor Kongressbeginn noch eine unwirkliche Stille. Ich las den Vortrag, den ich halten wollte, mehrmals laut vor. Wie schön wäre es, wenn ich solche Vorträge auch auf Italienisch halten könnte … Ich dachte kurz an diese Italienerin, die ich in der S-Bahn getroffen hatte. Vielleicht sollte ich sie wirklich anrufen und fragen, ob sie mir Italienischunterricht geben würde. Luisa hieß sie. Ich machte eine Notiz dazu auf einem Post-it-Zettel und klebte diesen auf meinen kleinen Terminkalender. Spontan schrieb ich auf Italienisch: **telefonare a Luisa**, *Luisa anrufen*. Im selben Moment klingelte mein Telefon. Es war Francesca.

„Francesca?"

„Ma dove sei sparito? Sono quasi le sette e io sto morendo di fame …"

Ich musste kurz nachdenken. Ich kannte das Wort **sparito** nicht. Ich gab es schnell im Computer ein, ich hatte so eine App, die alles übersetzen konnte. Ich tippte **sparito** ein. Das Ergebnis war *verschwunden* und **sparire** ist die Grundform *verschwinden*. Ich war jetzt neugierig und tippte **sto morendo di fame** ein: *ich bin am Verhungern*. Echt praktisch war das mit so einem Wörterbuch, dachte ich mir. Sie hatte recht, ich hatte etwas die Zeit vergessen.

„Nico? Ci sei?", hakte Francesca nach.

„Sì, sì, arrivo subito. Scusami."

„Va bene."

Als ich unsere Suite betrat, stand Francesca mitten im Zimmer, in ihrem eleganten dunkelgrünen Kleid und mit einem türkisfarbenen Seidenschal um den Hals.

„Sei bellissima!“, sagte ich.

„Grazie …“

Jetzt wollte ich sagen, dass ich auch schnell unter die Dusche gehen wollte. Ich versuchte es: „Anch´io ora prendo una doccia e prendo nuovi vestiti.“ Nein, **prendo** war falsch, es klang schon nicht richtig und in der Tat korrigierte mich Francesca: „Non si dice ‚prendo una doccia‘ … faccio una doccia e poi mi vesto … vestirsi vuol dire mettersi una camicia, i pantaloni, le scarpe … semplice.“

Stimmt, auf Italienisch heißt es wörtlich übersetzt ‚eine Dusche machen‘: **fare una doccia**, also *unter die Dusche gehen*. **Mi vesto** … ja, *ich ziehe mich an*, *sich anziehen* ist **vestirsi**. Und **la camicia** *das Hemd*, **i pantaloni** *die Hose*, **le scarpe** *die Schuhe*.

„Grazie, Francesca.“

„Prego.“

„Allora, faccio una doccia …“, wiederholte ich korrekt.

Francesca ging auf die Terrasse. In Lazise war das Wetter im Gegensatz zu Deutschland noch mild. In der Dusche überlegte ich, was ich anziehen sollte. Als ich dann angezogen vor Francesca stand, schaute sie mich an und sagte: „Sei bellissimo! Davvero elegante … camicia bianca, cravatta, giacca …

complimenti! Bello impossibile", fügte sie singend hinzu.

„Siamo una bella coppia, no? Andiamo!", sagte ich augenzwinkernd. Als wir unten ankamen, staunten wir beide über den prunkvollen Speisesaal.

„Guarda, sembra quasi l'entrata di un palazzo", kommentierte Francesca. Es sieht wie *der Eingang eines Palastes* aus, **l'entrata di un palazzo**.

Dann sprach sie weiter: „Le colonne, il pavimento di marmo, piante a ogni angolo, i lampadari, davvero bellissimo …"

Während sie sprach, deutete sie auf die Dinge und so konnte ich sofort verstehen, was sie meinte. **Le colonne** waren *die Säulen*, **il pavimento di marmo** *der Marmorfußboden*, **piante a ogni angolo** *Pflanzen an jeder Ecke* und **i lampadari** *die Kronleuchter*.

Ein Kellner kam uns entgegen. Er wusste schon Bescheid: „Prego signori, da questa parte."

Wir folgten ihm.

„Questo è il vostro tavolo. Spero sia di vostro gradimento. Das ist Ihr Tisch, ich hoffe, es entspricht Ihren Wünschen." Er hatte sich erinnert, dass ich Deutscher war und daher gleich übersetzt. Er sprach gut Deutsch.

„Va benissimo", antwortete Francesca.

„Grazie, Signori. Gradite un aperitivo?“

„Ma certo“, antwortete Francesca.

„Come prosecco vi posso consigliare un Altemasi del Trentino, davvero ottimo! Als Prosecco kann ich Ihnen einen Altemasi aus dem Trentino empfehlen. Wirklich hervorragend.“

„Io non lo conosco, lo assaggio volentieri. Ne porti due bicchieri“, antwortete Francesca.

„Benissimo, grazie!“

Sie hatte schon für uns beide zwei Gläser bestellt. Sie kannte den Prosecco nicht und wollte ihn *probieren*, **assaggiare**. Der Kellner brachte nicht nur zwei Gläser Prosecco, sondern auch ein Tablett mit einer ganzen Reihe von kleinen Antipasti. Darauf befanden sich Minibrötchen mit Käse, mit Schinken, kleine Olivenschalen sowie salziges Gebäck.

„Ecco a voi! Hier, bitte sehr! Dopo vi porto il menu. Nachher bringe ich Ihnen die Karte.“

„Brindiamo“, sagte ich.

„Oh Nico, ti ricordi quando abbiamo brindato per la prima volta al ristorante di mia cugina? Brindiamo a quella sera.“

Schöne Idee! Wir wollten auf den Abend anstoßen, an dem wir zum ersten Mal im Restaurant ihrer Cousine miteinander angestoßen hatten.

„Alla nostra, Nico!"

„Alla nostra, Francesca!"

Ich wusste mittlerweile, dass man in Italien beim Anstoßen nur **alla tua** oder **alla nostra** sagt, also *auf dich* oder *auf uns*."

Ein Mann so um die sechzig kam mit entschiedenem Schritt und einem Lächeln im Gesicht auf uns zu. Ich kannte ihn nicht. Plötzlich sagte er:

„Francesca … Francesca Gargiulo …"

Francescas Augen leuchteten, als sie den Mann sah: „Maestro … ma che sorpresa, che combinazione. Che piacere! Nico, il Maestro di Barthe, direttore d'orchestra. Abbiamo lavorato insieme due anni fa a Milano, a Venezia … Maestro, questo è Nico."

Ich kannte das Wort **sorpresa**, *Überraschung*. Ich kannte aber **combinazione** nicht … Kam das von kombinieren?

„Piacere Signor Nico!"

„Piacere mio."

„Come mai è qui, Maestro?", fragte Francesca, denn sie wollte wissen, warum er hier ist.

„Mi hanno chiamato per un lavoro all'Arena di Verona e così siamo venuti qui a passare un paio di giorni sul Lago. Ecco mia moglie. Elisa, ti presento Francesca, una favolosa cantante e questo è … il

Signor Nico." Ich musste schmunzeln, weil er mich Signor Nico nannte.

„Piacere Signora", sagte Elisa.

„Molto lieta, Signora", fügte Francesca hinzu. Ich hatte diesen Ausdruck schon einmal gehört. **Molto lieta**… *sehr erfreut*. Genau das war es.

„Maestro, ma perché non vi sedete qui con noi? Ci farebbe molto piacere, vero Nico?"

„Ma non vogliamo disturbare …"

Disturbare, sie wollten nicht *stören*.

„Maestro, La prego, sono davvero contenta di vederLa."

„Ma certo … lo dico al cameriere."

Als wir alle zusammensaßen, stellte sich heraus, dass der Maestro auch Deutscher war, er sprach aber ein perfektes Italienisch.

„Nico, Sie sind auch aus Deutschland?", fragte mich der Maestro.

„Oh ja … und ich wäre glücklich, wenn ich so gut Italienisch sprechen könnte wie Sie."

„Ach, wissen Sie, ich lebe schon seit zwanzig Jahren zwischen Deutschland und Italien und wie Francesca vorhin gesagt hat, habe ich mit ihr in Mailand und in Venedig zusammengearbeitet. Sie ist eine hervorragende Sängerin. Jetzt wurde ich zu einem Gespräch in

Verona eingeladen. Und nun machen wir, meine Frau und ich, ein paar Tage Urlaub hier am Lago di Garda."

„Sehr schön."

Der Maestro schien eine interessante Persönlichkeit zu sein.

„Und Sie, Nico?"

„Sono uno scienziato, non un artista." Der Satz gefiel mir, darum sagte ich ihn auf Italienisch. *Ich bin ein Wissenschaftler und kein Künstler.*

„Oh, interessante."

„Sì, domani devo tenere … come si dice… una relazione, ecco."

„Ah, mi scusi, devo dire una cosa a Francesca", sagte der Maestro.

„Ma, certo. Prego!"

„Francesca, ieri stavo proprio pensando a te … sto mettendo insieme un cast per un'opera qui a Verona e se vuoi ne possiamo parlare. Mi farebbe piacere poter lavorare di nuovo con te."

Ich sah nur, dass Francesca wieder strahlte. Ich hatte nicht alles verstanden und wollte natürlich nicht nachfragen, aber ich glaubte zu verstehen, dass der Maestro wieder mit ihr zusammenarbeiten wollte. Während er erzählte, schaute ich diskret auf mein Handy. **Che combinazione** heißt *so ein Zufall.*

„Hai sentito, Nico? Il Maestro vuole lavorare di nuovo con me. All'Arena di Verona. Non è fantastico? Che serata!"

Ich hatte es schon richtig verstanden.

„Allora dobbiamo brindare!", sagte ich und bestellte noch zwei Gläser Altemasi für den Maestro und seine Frau. Der Kellner brachte gleich die ganze Flasche und wir stießen erneut an.

„Alla salute!", sagten Francesca und Elisa fast gleichzeitig.

„Alla musica!", sagte ich.

„Alla scienza!", antwortete der Maestro.

„Che combinazione!", sagte ich laut und meinte damit nicht nur diese eine außergewöhnliche Kombination und Zufallsbegegnung.

8. UNA CENA DI LAVORO
Ein Geschäftsessen

„Ieri sera abbiamo passato una serata fantastica … e io tornerò a cantare all'Arena di Verona … Oh, Nico tutto questo è un sogno."

In der Tat hatten wir gestern einen fantastischen Abend und … jetzt **tornerò** … mmh … es hört sich wie **sarò** an, *ich werde sein*. Vielleicht ist **tornerò** auch eine Zukunftsform, aber klar doch, von **tornare**, *zurückkehren*. **Tornerò** hieße dann *ich werde zurückkehren*, aber im Zusammenhang mit *singen*, **cantare**? Ich musste sie fragen:

„Francesca, non capisco bene: tornerò a cantare?"

„Sì, sono così contenta … cosa non capisci?"

„Tu hai detto: tornerò a cantare …"

„Ah sì, certo. Tornare a fare qualcosa vuol dire ripetere, fare di nuovo qualcosa."

Also, **tornare a fare qualcosa** heißt so viel wie *wiederholen, etwas wieder machen*. **Tornare a cantare** heißt dann *wieder singen*. Sie sagte also, *ich werde wieder in der Arena von Verona singen*, und logischerweise freute sie sich darüber.

„Quando torniamo a Monaco?", fragte sie mich.

„Dopo la mia relazione, va bene?"

„Va bene … peccato. Questo albergo mi piace." Das Wort **peccato** kannte ich von meiner Mutter. Sie ist sehr katholisch und **peccato** bedeutet zum einen *Sünde*, aber auch *schade*. In dem Fall meinte Francesca mit Sicherheit *schade*.

„Sì, è molto bello qui … e con te è bellissimo!", sagte ich.

Sie war auch gerade dabei, ihre Koffer zu schließen, kam dann zu mir und umarmte mich. Sie flüsterte: „Ti voglio bene!"

Es war bestimmt etwas Schönes, aber ich hatte keine Ahnung, was es heißen sollte. **Bene** ist *gut*. Ich ärgerte mich, wollte aber jetzt nicht fragen. Ich wollte die romantische Stimmung nicht zerstören. Also entschied ich mich, so zu tun, als hätte ich verstanden, was sie sagte. Die Übersetzung wollte ich später nachschlagen, jedoch dachte ich mir, ich müsste etwas Passendes dazu sagen und versuchte es einfach mit: „Anch'io!"

„Nico, davvero?"

Oh, wenn sie mit **davvero**, *wirklich*, antwortete, lag ich offenbar richtig mit dem, was ich gesagt hatte. Die Antwort schien gut bei ihr anzukommen.

„Sì … sì … tu sei la mia artista preferita."

„Sto bene con te!" Sie küsste mich erneut.

Gegen Mittag, nach meinem Vortrag, saßen wir im Auto auf dem Weg nach München. Zwischenzeitlich konnte ich nachschauen, was **ti voglio bene** heißt: *ich habe dich gern.* Dann hatte meine Antwort darauf ja gepasst.

Am Abend hatte ich eine Verabredung zum Abendessen mit zwei Kollegen, um mit ihnen über ein neues Projekt an der Universität zu sprechen. Ich wollte es Francesca sagen:

„Francesca, questa sera andiamo a cena con i miei colleghi di lavoro. Va bene?"

„Sì, sì, va bene." Francesca war nicht so gesprächig wie sonst. Ich hatte den Eindruck, etwas beschäftigte sie. Aber ehe ich mich bei ihr erkundigen konnte, kam sic mir zuvor:

„Viene anche Luisa?"

Ich brauchte einen Moment, um zu verstehen, was los war. Langsam dämmerte es mir. Sie hatte wahrscheinlich meinen Terminkalender mit dem Post-it-

Zettel entdeckt, auf den ich **telefonare a Luisa** geschrieben hatte. Oh, oh, ich konnte nur hoffen, dass sie mir meine Erklärung glauben würde.

„Francesca, …"

Sie fiel mir sofort ins Wort.

„Chi è Luisa?", fragte sie aufgebracht.

„Sì, allora … ehm … ho visto Luisa una volta … nella metropolitana … non conosco …"

„Ah, non la conosci e allora perché hai scritto telefonare a Luisa?"

Aha, natürlich, ich hatte das Pronomen vergessen. **Non la conosco** hätte ich sagen sollen, so wie im Deutschen auch: *ich kenne sie nicht*.

„Luisa è insegnante di italiano." Ich überlegte, wie man *wohnen* auf Italienisch sagt. Das wusste ich doch … **abitare**, genau! „Lei abita a Monaco."

„Insegnante di Italiano?", fragte Francesca verdutzt.

„Sì, ero nella metropolitana con il libro di italiano … lei ha detto: Studi l'italiano? Io ho detto sì e lei …, come dire …"

„E lei ti ha dato il suo numero di telefono … capisco!"

„Francesca, io vorrei imparare bene l'italiano e così ho pensato …" – ich glaube, das war schon richtig: *ich habe gedacht*, **ho pensato** – „di prendere lezioni di italiano per parlare bene con te."

„Quindi non devo essere gelosa?“, fragte sie mich.

„Gelosa?“ Beim Nachfragen kam mir das englische Wort ‚jealous‘ in den Sinn. Das war dem Italienischen sehr ähnlich … **gelosa** bedeutete bestimmt *eifersüchtig*.

Jetzt musste ich sie ein wenig beruhigen und ich versuchte es mit einem magischen Satz: „Ma no, Francesca, ti voglio bene!“ Ja, es war wirklich so, dass ich viel für sie empfand, und der Satz zeigte zum Glück auch Wirkung.

„Oh Nico … anch'io!“ Sie lehnte ihren Kopf an meine Schulter. Jetzt war ich aber sehr erleichtert.

Als wir kurz vor München waren, fragte ich sie, ob es in Ordnung wäre, wenn wir direkt zum Restaurant fahren würden: „Francesca, va bene se andiamo subito al ristorante?“

„Sì, sì, ho fame. Certo!“

„Bene, è un ristorante molto semplice. Bavarese. Ma buono.“

„D'accordo … sono curiosa.“

Genau, **curiosa**, ich erinnerte mich, war *neugierig*.

„Benissimo!“, kommentierte ich und fügte dann hinzu: „Adesso, un parcheggio …“

Das Wort **parcheggio** hatte ich von Francesca gelernt, als wir bei unserer ersten Verabredung in Italien mit ihrem Auto zum Restaurant ihrer Cousine fuhren: *Parkplatz.*

„Siamo già arrivati?“

Ja, wir waren schon da.

„Sì, il ristorante è qui vicino.“

Als Francesca aus dem Auto stieg, bemerkte sie sofort den Temperaturunterschied: „Oh che freddo! C'è una differenza enorme tra il Lago di Garda e Monaco!“

Es war wirklich kalt. Das Wort **differenza** kannte ich aus der Mathematik. Es heißt *Differenz*, also *Unterschied* und **enorme** war leicht zu erraten.

Als wir das Restaurant betraten, sah ich schon meine Kollegen an einem Tisch sitzen.

„Hallo Frank, hallo Ben …“, begrüßte ich sie.

„Hallo Nico … oh du bist in Gesellschaft …“, bemerkte Frank.

„Oh ja, das ist Francesca aus Italien. Francesca, ti presento Frank e Ben, colleghi di lavoro.“

„Ciao, piacere. Sono Francesca … non parlo tedesco … mi dovete scusare …“

„Sie spricht kein Deutsch und sie entschuldigt sich“, übersetzte ich.

„Nessun problema … io parlo italiano, poco“, sagte Ben.

„Ah, bene! E tu Frank?“, fragte Francesca.

„Io … sì … un momento … ah ecco: ti stai sbagliando chi hai visto non è … non è Francesca … Questo è il mio italiano …“

Francesca starrte erst mich an, und dann Frank. Diesen Blick kannte ich noch nicht.

„Ma è pazzesco … incredibile. Come fai a conoscere questa canzone?“

Ich saß daneben und wusste überhaupt nicht, worum es ging. Ben auch nicht. Ich verstand nur **pazzesco**, das musste von **pazzo**, *verrückt* kommen, aber keine Ahnung was da los war.

Ich fragte Frank und er erklärte es mir: „Das ist der Text von einem bekannten italienischen Lied namens „Non è Francesca“ und der Refrain geht so: ti stai sbagliando, du irrst dich gerade, chi hai visto non è Francesca, wen du gesehen hast, ist nicht Francesca … Sag ihr, dass mein Vater ein Fan von Lucio Battisti war, er hatte alle seine Platten und die habe ich jetzt.“

Ich versuchte zu übersetzen: „Il padre di Frank era un fan, come si dice in italiano?“, fragte ich Francesca.

„Un fan è un ammiratore.“

Das Wort kannte ich nicht: **l'ammiratore**, das war also *der Fan*.

Ich fuhr fort: „Ecco, sì … un fan, un ammiratore di Lucio Battisti? Non so … Chi è Lucio Battisti?“

„Lucio Battisti è stato un grande cantante. In Italia lo conoscono tutti. Ha scritto delle canzoni bellissime", antwortete Francesca.

„Scritto canzoni? Cosa vuol dire?"

Francesca nahm einen Bleistift aus ihrer Tasche und einen kleinen Zettel und fing an, irgendetwas zu schreiben, dann schaute sie mich an und sagte:

„Questo significa scrivere … scritto è il passato."

Also, es war klar, dass **scrivere** *schreiben* heißt und dass **scritto** Teil der Vergangenheitsform ist: *geschrieben.*

Francesca war begeistert, dass Frank diesen Sänger kannte und fragte dann: „Siete anche voi scienziati? Come Nico?"

Frank, der ja ein paar Wörter auf Italienisch sagen konnte, antwortete: „Sì, scienziati … ehm … noi … lavoriamo tutti assieme."

„Guten Abend die Herrschaften, hier sind die Speisekarten. Was möchten Sie trinken?", fragte der Kellner, der gerade zu uns gekommen war.

„Il menu è tutto in tedesco, non capisco nulla! Nico mi devi aiutare!", beschwerte sich Francesca.

„Sì, tutto bene … cosa vuoi … come si dice … trinken …?"

Ich überlegte noch, aber Francesca kam mir zuvor: „Trinken è bere. È l'unica parola tedesca che so."

Bere, das war das Wort für *trinken*. Und wenn ich richtig verstanden hatte, war es das einzige deutsche Wort, das Francesca kannte.

„Una birra, per favore", bestellte Francesca auf Italienisch. Der Kellner verstand es und nahm auch die Bestellungen der Getränke von meinen Kollegen und mir auf. Francesca hatte schon die Speisekarte aufgeklappt und nun musste ich versuchen, ihr die Gerichte zu übersetzen. Francesca zeigte mit dem Finger auf die Suppen.

„Cosa vuol dire Suppen?"

Bevor ich antworten konnte, kam sie selber darauf: „Suppen, mi suona come zuppe, ah sì, una zuppa o una minestra, ma cosa vuol dire ‚Kartoffelsuppe mit frischem Schnittlauch'? Aspetta, Kartoffeln sono le patate … certo … e questo?"

Noch ein Wort, das sie auf Deutsch kannte: **patate**, *Kartoffeln*, und nun auch **zuppa**, *Suppe*. Sie zeigte auf die Stelle ‚mit frischem Schnittlauch'. Ich holte mein Handy heraus, denn da hatte ich auch diese App zum Übersetzen. Ich schaute nach. *Schnittlauch*: **erba cipollina.**

„Questo vuol dire con erba cipollina … fresca."

„Quindi una zuppa di patate con erba cipollina … mmh", kommentierte sie.

„E questo cos'è?", fragte Francesca, indem sie

mit dem Finger auf ‚Bayerisches Brotzeitbrettl mit geräuchertem kalten Braten, Schinkenspeck, Bergkäse, frisch geriebenem Meerrettich und Bauernbrot' zeigte.

Na, super, dachte ich mir … wie erkläre ich das jetzt? Ich suchte das Wort für Gericht … Ich fragte Frank.

„Ich glaube piatto …", sagte er.

Francesca nickte.

Also gut, **Gericht** konnte ich mit *piatto* übersetzen. Ich schaute nochmal in meiner App nach und entdeckte, dass *geräuchert* **affumicato** heißt. *Braten* war **arrosto**, das kannte ich von meiner Mutter. *Käse* war nicht schwer zu übersetzen: **formaggio**. *Meerrettich* war **cren** oder **rafano**.

Ich fing an, es Francesca zu erklären: „È un piatto bavarese con arrosto affumicato, speck, formaggio, rafano fresco e pane."

„Ah, non ho mai mangiato il rafano. Al sud non si usa."

Sie hatte noch nie Meerrettich probiert. Aber **usa** hatte ich noch nie gehört.

„… non si usa? Non capisco."

„Nico, non si usa … il verbo usare … usare il telefono per telefonare, usare …"

Usare il telefono per telefonare, überlegte ich

kurz … ach, es ist wie im Englischen … **usare** heißt *benutzen* oder *verwenden*. Sie meinte also, dass man in Süditalien keinen Meerrettich verwendet.

„E questo?“, fragte sie, indem sie auf ein anderes Gericht deutete. Diesmal handelte es sich um ein gebratenes Forellenfilet aus bayerischen Gewässern mit Gemüse und Kartoffeln. Das einzige Wort, das ich nicht kannte war *Forelle*, aber ich konnte es nachschlagen: **trota**. *Gemüse* war **verdura**.

„Una trota bavarese con verdura e patate.“

„Ah bene, mi piace. Prendo la trota.“

Zum Glück hatte sich Francesca zügig entschieden. Es fehlten noch etwa zehn Gerichte, die weitere Übersetzung blieb mir erspart.

„Però se mangio pesce preferisco bere un bicchiere di vino bianco e non la birra“, meinte Francesca.

„Ah sì, certo!“

Zum Fisch wollte sie lieber Weißwein trinken.

Als der Kellner kam, bestellten wir das Essen. Er hatte schon die Getränke serviert. Dann meinte Francesca: „Scusi, potrei per favore avere un bicchiere di vino bianco, al posto della birra? Mi dispiace .“

Der Kellner schaute sie verdutzt an, **vino bianco**, *Weißwein* hatte er verstanden, und sagte: „Dann nehme ich das Bier wieder weg, oder?“

Und Francesca reagierte prompt mit einem Nicken, auch wenn Sie kein Wort verstand, außer Bier vielleicht.

„Sì, sì, grazie molto gentile."

In dem Moment klingelte Francescas Handy. Es war bestimmt ihre Mama.

„Ciao mamma … sì, tutto bene. Sono al ristorante, aspetta che esco …"

Francesca ging kurz raus zum Telefonieren. Der Kellner schüttelte leicht den Kopf, nahm Francescas Bier wieder mit und ging.

Ben fragte mich: „Deine neue Flamme?"

Ich lachte. „Weit mehr als das … aber ich dachte, wir wollten über den Vortrag sprechen, den ich am Gardasee gehalten habe."

„Das hat Zeit", meinte Frank. Wir stießen an. In dem Moment kam Francesca wieder rein und sah, wie wir tranken und lachten:

„Tanti saluti da mia madre … ma non doveva essere una cena di lavoro?", fragte Francesca, und zwinkerte mir fröhlich zu.

9. L'ULTIMA SERA
Der letzte Abend

„Simpatici i tuoi colleghi", stellte Francesca fest, als wir wieder bei mir zu Hause waren.

„Sì, mi piace lavorare con loro."

„Vado a lavarmi i denti," sagte Francesca. Ich erinnerte mich, dass **lavarsi i denti** *sich die Zähne putzen* heißt. Im Italienischen benutzt man das Verb **lavarsi**, das eigentlich *sich waschen* bedeutet.

„Nicooo … Nicooo", hörte ich Francesca auf einmal schreien. Ich eilte ins Badezimmer. Francesca starrte mich an, mit der Zahnbürste zwischen den Zähnen und jeder Menge Zahnpasta auf den Lippen.

„Cosa c'è?", fragte ich.

„Domani … domani è venerdì … giusto?", rief Francesca, als ob die Welt untergehen würde.

„Sì … domani è venerdì", bestätigte ich.

„Domani sera … jazz bar … devo suonare … Nico, Nico, ho bisogno di un pianoforte domani … per provare qualche canzone."

„Ho bisogno ...?“, fragte ich nach. Ich wusste nicht, was das bedeutet.

„Un pianoforte, Nico ... devo provare ... capisci?“ Francesca brauchte ein Klavier ... **avere bisogno** heißt vermutlich *brauchen* ... **provare** ist doch *probieren* ... das kann nicht sein, das passt hier nicht ... Sie muss üben... das muss es in diesem Fall bedeuten, **provare** heißt auch *üben*, sagte meine App.

Ich ahnte schon, was sie vorhatte.

„Puoi domandare a tua madre, se domani mattina posso andare da lei e suonare un po’? Ti prego!“ Sie legte dabei die Hände aneinander wie zum Gebet. **Ti prego** – *ich bitte dich*. „Non posso andare all’Intermezzo senza aver provato neanche un pezzo.“

Was war **domandare** gleich wieder ... ich tippte es schnell ein: **domandare**, *fragen*. Natürlich, wie **la domanda**, *die Frage*. Und das Wort **pezzo**, kannte ich auch nicht.

„Un pezzo? Cos’è un pezzo?“

„Nico, un pezzo di torta, un pezzo di musica, un pezzo di formaggio ... un pezzo ... Ecco, vedi questo: è un pezzo di sapone.“

Sie hielt mir das Stück *Seife*, **sapone**, vor die Nase, das auf dem Waschbecken lag. **Un pezzo**, *ein Stück* ... **un pezzo di musica**, *ein Musikstück*. Jetzt verstand ich es. Sie konnte nicht in der Bar auftreten, ohne ein einziges Stück geübt zu haben.

Am nächsten Tag, gleich in der Früh, fuhren wir zu meinen Eltern. Meine Mutter freute sich riesig, dass Francesca bei ihr Klavier spielen wollte: „Carissima, che bello rivederti!", begrüßte sie Francesca.

„Anch'io sono contenta, Marlene!"

Ich schmunzelte. Es war gut, dass sie sich duzten, denn selbst in zehn Jahren würde es Francesca wohl nicht schaffen, den Nachnamen Halbritter richtig auszusprechen.

„Francesca, sei sempre benvenuta! Entrate. Ho anche preparato un buon caffè. Tu adesso vai al pianoforte e suona tutto il tempo che vuoi …"

„Grazie, Marlene …"

Francesca setzte sich ans Klavier. Auf ihrem Handy hatte sie Noten gespeichert und sie fing gleich an, konzentriert zu spielen. Meine Mutter und ich saßen solange in der Küche und tranken Kaffee.

„Francesca ist eine wunderbare Frau. Sie ist attraktiv, gut erzogen, Musikerin und ich kann sogar meine Italienischkenntnisse anwenden. Ist das nicht toll?", sagte sie zu mir.

„Ist das jetzt toll für dich oder für mich, Mama?"

„Ach, komm schon Nico, hör einfach zu, wie sie spielt … himmlisch!"

„Ja, und gerade probt sie nur. Du hast erlebt, wie sie spielt … sie ist ein Genie …“

„Ich finde sie auch genial.“

Zwei Stunden später kam Francesca zu uns und sie schien nun beruhigt.

„Bene, io ho finito. Marlene, perché non viene anche Lei stasera al jazz bar?“

„Una buona idea, Francesca. Sì, chiedo a mio marito … ma penso proprio di sì.“

Francesca hatte jetzt auch meine Mutter ins Intermezzo eingeladen. Klar, dass sie kommen würde.

„Volete pranzare con noi?“, fragte meine Mutter Francesca. Es ärgerte mich mal wieder, dass meine Mutter solche Ausdrücke wie **pranzare** kannte. Ich wusste sofort, was sie meinte: *zu Mittag essen*, aber mir würde so etwas spontan nie einfallen.

„Nico?“, fragte mich Francesca.

„Sì, va bene“, antwortete ich.

„Oh, grazie, Marlene, sono contenta“, sagte Francesca.

„Ma certo cara, è un piacere“, antwortete meine Mutter und an ihren Worten und ihrer Stimme merkte ich, dass sie Francesca wirklich gern hatte.

„A che ora comincia il concerto?“, wollte meine

Mutter wissen. Ich kannte das Wort **comincia** nicht. Ich hätte meine Mutter fragen können, aber ich war zu stolz dafür. Ich überlegte kurz und hörte Francescas Antwort: „Alle otto questa sera."

Alle otto, *um acht*. Dann konnte ich davon ausgehen, dass **comincia** *anfängt* heißt. Und demnach ist **cominciare** die Grundform *anfangen*.

Nach dem Mittagessen fuhren wir nach Hause und Francesca sagte: „Penso che stasera metterò il vestito verde …"

„Metterò?"

„Sì, metterò … il futuro di mettere … metterò e tu cosa metterai, Nico?"

Ach ja, wieder diese Zukunftsform: **metterò** ist die erste Person Singular von **mettere**, *anziehen*, und dann hatte sie mich gefragt: **cosa metterai**? *Was wirst du anziehen?* Ich meinte gelesen zu haben, dass die Endungen der Zukunftsform bei jedem Verb immer gleich sind und der letzte Vokal der ersten Person Singular immer einen Akzent hat.

Ich wiederholte leise: „Metterò, metterai …", dann war ich mir nicht mehr sicher.

Francesca hörte, was ich sagte und fuhr fort: „… metterà, metteremo, metterete, metteranno. Sempre uguale: io stasera suonerò … e poi?"

Sie wollte jetzt von mir wissen, wie es weitergeht mit **suonerò**, das heißt *ich werde spielen.* Sie schaute mich erwartungsvoll an.

„… suonerai?“, sagte ich fragend. **Suonerai**, *du wirst spielen.*

„Giusto, e poi?“

Ich überlegte: **suonerà** … ähm … **suoneremo** … **suonerete** … **suoneranno**. So musste es richtig sein: *er* oder *sie wird spielen*, *wir werden spielen*, *ihr werdet spielen* und *sie werden spielen.*

So sagte ich es dann auch und Francescas Reaktion zeigte mir, dass ich richtig lag: „Bravissimo Nico! Vedi, non hai bisogno di quella … come si chiama … ah, Laura, Luisa?“

Ich passte auf und bemerkte, dass Francesca sagte: **non hai bisogno di** … das heißt, dass nach **avere bisogno**, *brauchen*, immer die Präposition **di** folgt. Es machte richtig Spaß, Italienisch so intuitiv zu lernen. Francesca konnte das gut vermitteln. Sie war natürlich überzeugt, dass ich gar keine Italienischlehrerin brauchen würde. *Vielleicht hast du recht*, wollte ich jetzt sagen: den Satz konnte ich doch: **forse hai ragione** … glaubte ich mich zu erinnern. Ich versuchte es mal.

„Forse hai ragione!“

„Io ho sempre ragione.“

Klar, von Francesca hätte ich jetzt keine andere Aussage erwartet: **io ho sempre ragione**, *ich habe immer recht.*

„Nico, qual è la pronuncia corretta di ‚Munken'?

Pronuncia, hm, was bedeutete das nochmal? Ach ja, es war wieder ähnlich wie im Englischen … die *Aussprache*. Aha, sie wollte wissen wie man München korrekt ausspricht.

„Ah okay, München, non ‚Munken'. München."

„Munschen?", wiederholte sie.

„Quasi … Non è u, ma ü, capisci?"

„Munschen … Munschen … No?"

„Non è ‚sch', ma solo ‚ch' … è difficile, lo so. La ‚u' come una ‚u' in … come si dice Französisch?"

„Francese?"

Ja, das Wort hatte ich gesucht: **francese**.

„Ah, come quando i francesi dicono super … così?"

„Sì, così!"

„Ah, allora dico Münschen, va bene?"

„Sì, va bene."

„Grazie si dice danke, giusto?"

„Sì, giusto … perché?"

„Sono curiosa."

Das Intermezzo war schon gut besucht, als wir dort ankamen. Für uns wurde ein großer Tisch reserviert, direkt vor der kleinen Bühne. Jan und Max waren auch dort.

„Ciao, che bello rivedervi", sagte Francesca.

„Ciao Francesca!", begrüßten uns die beiden.

„Ecco, arrivano i tuoi genitori", sagte Francesca. „Che bello che siete venuti. Marlene … Signor Alberitter … Sono contenta di rivederla", sagte Francesca.

Meine Mutter übersetzte sofort für meinen Vater: „Sie freut sich sehr, dich wiederzusehen."

Mein Vater nickte mit dem Kopf, sagte aber nichts. So war er nun mal. Äußerst wortkarg.

Ich hatte genau zugehört, **rivederla** ist eine Höflichkeitsform: *Sie wiederzusehen*. Das Pronomen **la**, wird direkt an die Grundform des Verbs angehängt.

„Prego, ecco il tavolo." Francesca führte meine Eltern zu unserem Tisch.

Die Jazzbar Intermezzo war mittlerweile gut gefüllt. Markus, der Besitzer, kam zu uns, besser gesagt zu Francesca und sagte irgendetwas, was ich nicht verstand. Ich sah nur, dass Francesca nickte und den Daumen nach oben zeigte.

Kurz darauf wurde die kleine Bühne beleuchtet und Markus kündigte Francesca als eine hervorragende Pianovirtuosin aus Neapel an. Ein Applaus füllte den Raum und Francesca flüsterte: „Non sono di Napoli, sono del Cilento!"

Markus bat Francesca auf die Bühne. Sie sah wie immer wunderbar aus. Da oben auf der Bühne, mit den Spots auf sie gerichtet, stand ihr das grüne Kleid noch besser als an dem Abend am Gardasee … sie strahlte richtig.

„Buonasera a tutti, grazie! Grazie! Scusatemi, non parlo tedesco … ma non sono qui per parlare, ma per suonare e la musica è qualcosa di forte che non ha limiti. Non ha frontiere e scorre nel mondo. Grazie."

Zwar hatte ich nicht alles verstanden, aber einige in dem Lokal waren Italiener oder konnten Italienisch und der Applaus war noch stärker als zuvor. Meine Mutter nickte und war begeistert. Sie hatte alles verstanden. Francesca setzte sich ans Klavier, schaute noch kurz ins Publikum, warf mir einen kurzen Blick zu und fing an, „Stranger in the Night" mit einem speziellen Jazz-Arrangement zu spielen.

Sie verneigte sich und bedankte sich für den Applaus. Anschließend spielte sie ein mir unbekanntes Lied von Paolo Conte mit einem Übergang zu weiteren Jazzelementen. Im Publikum waren einige Leute, die das sichtlich sehr schätzten.

„E per finire una mia canzone: Le mie parole."

Das hatte ich verstanden. *Und zum Schluss ein Lied von mir: Meine Worte.* Ja, **parola** war das *Wort.*

„… il vento non soffia più, il cielo è tutto quanto blu, le mie parole sono scritte lassù, da lontano puoi leggerle anche tu … torna amore, torna da me, torna amore perché la vita non è vita senza te … la vita non è vita senza te …“

Am liebsten hätte ich ihre Stimme in der Luft gefangen, einfach so mit der Hand … Alle applaudierten, nickten, Bravorufe waren zu hören.

„Grazie a tutti. Grazie. Grazie … Danke, Münschen! Grazie!“

Jetzt leuchtete mir ein, warum sie vorhin wissen wollte, wie man München ausspricht. Sie kam von der Bühne zu unserem Tisch. Meine Mutter umarmte sie: „Sei fantastica, mia cara.“

„Grazie, Marlene.“

„Brava!“, war der Beitrag meines Vaters.

Meine italienische Lieblingsmusikerin umarmte und küsste mich vor allen Leuten.

„Oh Nico, che serata!“

„Sì, una grande serata. Mi devi dire cosa … hai cantato in italiano …“

„Sì, dopo …“

„Grande Francesca“, gratulierten Jan und Max.

„Nico, è l’ultima sera …“, sagte sie, als wir auf dem Weg nach Hause waren.

„Lo so, Francesca … Come stai?“

„Sono contenta per la serata. È stata davvero bellissima. Anche Markus è stato davvero gentile. Mi voleva dare dei soldi … ma, gli ho detto di no.“

„Sei bravissima!“

„Markus mi ha anche detto che, se torno a Monaco, posso venire all'Intermezzo a suonare … magari anche con Jan e Max.“

„Ah sì … che bello.“

„E poi sono triste, perché domani torno a Salerno.“

„Io sto bene con te Francesca.“

„Anch'io sto bene con te, Nico.“

„Io vengo presto da te … a Salerno … Come si dice? Questa sera non è l'ultima sera …“ Wir umarmten uns so fest wir nur konnten, weil wir beide genauso fest daran glauben wollten. Francesca flüsterte mir nochmal zu: „Non è l'ultima sera!“

WORTLISTE

Verwendete Abkürzungen

f. = *feminin*	qc = *qualcosa*
m. = *maskulin*	qn = *qualcuno*
pl. = *Plural*	ugs. = *umgangssprachlich*

1

l'addio (m.)	*Abschied*
l'aeroporto (m.)	*Flughafen*
anzi	*besser noch*
arrivare	*ankommen*
arrivare in anticipo	*zu früh dran sein*
il cambio di prenotazione	*Umbuchung*
cento	*hundert*
certo	*sicher*
cinquanta	*fünfzig*
cinque	*fünf*
cinquecento	*fünfhundert*
cinquecento-venticinque	*fünfhundertfünf-undzwanzig*
contare	*zählen*
contento/a	*glücklich, zufrieden*
Cosa significa...?	*Was bedeutet...?*
dieci	*zehn*
dopo dieci giorni	*nach zehn Tagen*
dormito	*geschlafen*
due	*zwei*
duecento	*zweihundert*
duemila	*zweitausend*
essere contento/a	*sich freuen*
essere in partenza	*abreisen*
Fai conto che...	*Denke daran, dass...*
la fine	*Ende*
Guarda chi c'è!	*Schau mal, wer da ist!*
la lingua italiana	*italienische Sprache*
la marmellata	*Marmelade*
mille	*tausend*
non è poi...	*ist gar nicht so...*
novanta	*neunzig*
nove	*neun*
ottanta	*achtzig*
otto	*acht*
pagare	*zahlen*
Pensa che...	*Denke daran, dass...*
piangere	*weinen*
preparare	*vorbereiten*
quaranta	*vierzig*
quattro	*vier*
quindi	*also*
ridere	*lachen*
sei	*sechs*
Sei davvero unico/a!	*Du bist wirklich einzigartig!*
sempre	*immer*
la serata simpatica	*netter Abend*

	sessanta	*sechzig*
	settanta	*siebzig*
	settantacinque	*fünfundsiebzig*
	sette	*sieben*
	Si tira avanti.	*Man schlägt sich durch.*
	Sono contento/a di averti conosciuto.	*Ich freue mich, dich kennengelernt zu haben.*
	Sono contento/a di ritornare.	*Ich freue mich, zurückzufahren.*
il	**traffico**	*Verkehr*
	tra poco	*gleich*
	tra un'ora	*in einer Stunde*
	tre	*drei*
	tremila	*dreitausend*
	trenta	*dreißig*
	triste	*traurig*
il/la	**tuo/tua migliore amico/a**	*dein bester Freund/deine beste Freundin*
	Tutto finisce.	*Alles geht zu Ende.*
	una decina di giorni	*etwa zehn Tage*
	uno	*eins*
	venti	*zwanzig*
(io)	**vorrei**	*ich würde gerne*

2

	adesso	*jetzt*
	andare bene	*gut laufen*
l'	**armadio (m.)**	*Schrank*
	Aspetta!	*Warte!*
	aspettare	*warten*
	Aspettate!	*Wartet!*
	Aspetti!	*Warten Sie!*
	attivare	*aktivieren, einschalten*
il	**bicchiere**	*Glas*
il	**bigliettino da visita**	*Visitenkarte*
la	**camicetta**	*Bluse*
la	**camicia**	*Hemd*
la	**chitarra classica**	*klassische Gitarre*
	come	*wie*
	Come stai?	*Wie geht es dir?*
	comprato	*gekauft*
il	**concerto**	*Konzert*
	Cosa c'è da guardare?	*Was gibt es zu schauen?*
la	**cucina**	*Küche*
	Dai!	*Los, komm!*
	disattivare	*ausschalten*
	Eccomi!	*Hier bin ich!*
l'	**extraterrestre (m./f.)**	*Außerirdische/r*
	Figurati!	*Nicht der Rede wert!*
	finalmente	*endlich*
	finire	*enden*
	forse	*vielleicht*
	Guarda!	*Schau!*
	guardare	*schauen*
	Guardate!	*Schaut!*
	Guardi!	*Schauen Sie!*
	imparare	*lernen*
l'	**insegnante d'italiano (m./f.)**	*Italienischlehrer/in*
	Io ti penso.	*Ich denke an dich.*
il	**libro**	*Buch*
	Mangi!	*Essen Sie!*
	Mangia!	*Iss!*
	Mangiate!	*Esst!*
	Monaco	*München*
	Ne vale la pena.	*Es lohnt sich.*
la	**nota**	*Musiknote*
	oggi	*heute*

la parete	*Wand*
il passato prossimo	*Perfekt*
il pianoforte	*Klavier*
il piatto	*Teller, Gericht*
portare	*tragen*
il posto di lavoro	*Arbeitsplatz*
prenotare	*buchen*
prenotato	*gebucht*
la professione	*Beruf*
il quadro	*Bild*
Quando arrivi?	*Wann kommst du an?*
richiamare	*zurückrufen*
rifare	*wieder machen*
il ritorno	*Rückkehr*
rivedere	*wiedersehen*
lo scaffale	*Regal*
Senti!	*Hör zu!*
sentire	*hören*
la settimana	*Woche*
la settimana che viene	*kommende Woche*
la settimana prossima	*nächste Woche*
il soggiorno	*Wohnzimmer*
Stai imparando l'italiano?	*Lernst du gerade Italienisch?*
la stanza	*Zimmer*
la stanza da letto	*Schlafzimmer*
stare	*bleiben, sein*
stare in piedi	*stehen*
stare seduto/a	*sitzen*
Sto finendo...	*Ich bin gerade dabei, ... zu beenden.*
Sto vedendo...	*Ich bin gerade dabei, ... zu sehen.*
il tavolo	*Tisch*
Ti ricordi?	*Erinnerst du dich?*
vedere	*sehen*
il volo	*Flug*

3

(lui/lei) abita	*er/sie wohnt*
andare a prendere qc	*etw holen gehen*
andare avanti	*vorwärtskommen*
l'autunno (m.)	*Herbst*
l'azione (f.)	*Handlung*
azzurro come il cielo	*hellblau wie der Himmel*
il bagno	*Badezimmer*
il/la bambino/a (m./f.)	*Kind*
bellissimo/a	*sehr schön*
bianco/a come la neve	*weiß wie der Schnee*
blu come il mare	*blau wie das Meer*
la camera da letto	*Schlafzimmer*
la camera per gli ospiti	*Gästezimmer*
il camino	*Kamin*
Che meraviglia!	*Wie wunderbar!*
chiamare	*rufen, anrufen*
ci sono	*es gibt*
il colore	*Farbe*
curare	*pflegen*
curato/a	*gepflegt*
curioso/a	*neugierig*
da poco	*vor kurzem*
la doccia	*Dusche*
dormire	*schlafen*
dove	*wo*
l'erba (f.)	*Gras*
(io) ero	*ich war*
l'estate (f.)	*Sommer*
Fai come se fossi a casa tua.	*Fühl dich wie zu Hause.*

	fare progressi	*Fortschritte machen*
	favoloso/a	*fabelhaft*
	fuori città	*außerhalb der Stadt*
	giallo/a come una banana	*gelb wie eine Banane*
	grigio/a come il cielo d'inverno	*grau wie der Himmel im Winter*
(io)	**ho mangiato**	*ich habe gegessen*
	l'inverno (m.)	*Winter*
il	**lago**	*See*
	lì	*dort*
	magari	*schön wäre es*
	Magari dopo il viaggio.	*Es wäre schön nach der Reise.*
	marrone come la terra	*braun wie die Erde*
	meraviglioso/a	*wunderbar*
	nero/a	*schwarz*
	Posso?	*Darf ich?*
la	**primavera**	*Frühling*
il	**progresso**	*Fortschritt*
le	**quattro stagioni (pl.)**	*(die) vier Jahreszeiten*
	Qui fa un freddo cane.	*Hier ist es schweinekalt.*
	ripetere	*wiederholen*
	rosso/a come il mio vestito	*rot wie mein Kleid*
	salutare	*grüßen*
il	**saluto**	*Gruß*
	Sono contento/a di rivederti.	*Ich freue mich, dich wiederzusehen.*
	sopra	*oben*
la	**spiegazione**	*Erklärung*
	sul lago	*am See*
	terribile	*furchtbar*
	tutto bene	*alles in Ordnung*
	venire a prendere qn	*jdn abholen kommen*
	verde	*grün*
	verde come l'erba	*grün wie (das) Gras*
il	**vestito**	*Kleid*
la	**vista**	*Sicht, Blick*

4

	accendere	*anzünden*
	accendere la luce	*das Licht einschalten*
	acceso	*angezündet*
	adatto/a	*geeignet, passend*
(io)	**amo**	*ich liebe*
	basso/a	*flach*
il	**brasato**	*Rinderschmorbraten*
	buio/a	*dunkel*
il/la	**cantante**	*Sänger/in*
il	**canto**	*Gesang*
	cenare	*zu Abend essen*
	conoscere qn	*jdn kennenlernen*
il	**conservatorio**	*Musikhochschule*
	Cosa c'è di buono?	*Was gibt es Gutes?*
	di solito	*normalerweise, gewöhnlich*
	dolce	*süß*
il	**dolce**	*das Dessert*
la	**fame**	*Hunger*
	fare una passeggiata	*spazieren gehen*
la	**fiaba**	*Märchen*
la	**frusta**	*Schneebesen*
il	**futuro**	*Futur*
	gentile	*freundlich*
	ha	*er/sie hat*
	hai	*du hast*

hanno	*sie haben*
ho	*ich habe*
l'intenditore/-trice (m./f.)	*Kenner/in*
l'invito (m.)	*Einladung*
la luce	*Licht*
Mi piace.	*Das gefällt mir.*
montare il latte	*die Milch schlagen*
il/la musicista	*Musiker/in*
la neve	*Schnee*
il paesaggio	*Landschaft*
il paio di jeans	*Paar Jeans*
pazzo/a	*verrückt*
la piccola barca	*kleines Boot*
presentare qn a qn	*jdn jdm vorstellen*
presto	*früh*
provare	*anprobieren*
qualcosa	*etwas*
la maglietta	*Shirt*
la schiuma	*Schaum*
la sorella	*Schwester*
lo specchio	*Spiegel*
Staremo a casa.	*Wir werden zu Hause bleiben.*
gli stivali (pl.)	*Stiefel*
suonare	*spielen (Musikinstrument)*
il tacco	*Absatz*
tardi	*spät*
il tesoro	*Schatz*
le uova (f.pl.)	*Eier*
l'uovo (m.)	*Ei*
i vicini (pl.)	*Nachbarn*
(noi) vogliamo	*wir wollen*
(io) voglio	*ich will*
Voglio ancora un po' di caffè.	*Ich möchte noch ein wenig Kaffee.*
(loro) vogliono	*sie wollen*
volere	*wollen*
(voi) volete	*ihr wollt*
(tu) vuoi	*du willst*
(lui/lei) vuole	*er/sie will*

5

Aiuto!	*Hilfe!*
Che ne dici?	*Was hältst du davon?*
chi	*wer*
Chi ci sarà?	*Wer wird dort sein?*
comunque	*also, übrigens*
Cosa c'è scritto qui?	*Was steht denn hier geschrieben?*
d'altra parte	*andererseits*
d'altronde	*im Übrigen, andererseits*
desiderato	*gewünscht*
divertente	*amüsant, lustig*
essere	*sein*
fare colpo su qn	*jdn beeindrucken*
far ridere a qn	*jdn zum Lachen bringen*
l'intermezzo (m.)	*Intermezzo, Zwischenspiel*
la metà	*Hälfte*
il mezzo litro	*halber Liter*
mica	*doch*
Non voglio ubriacarmi.	*Ich will mich nicht betrinken.*
ordinare	*bestellen*
(io) penso	*ich denke*
piacere a qn	*jdm gefallen*
potere	*können*
(noi) potremo	*wir werden können*
prima	*vorher*
la prova	*Probe*

Roba da matti! (ugs.)	*Wahnsinn!, Unglaublich!*
(lui/lei) sarà	*er/sie wird sein*
(tu) sarai	*du wirst sein*
(loro) saranno	*sie werden sein*
(noi) saremo	*wir werden sein*
(voi) sarete	*ihr werdet sein*
(io) sarò	*ich werde sein*
Sarò felice.	*Ich werde glücklich sein.*
spiegare	*erklären*
spiritoso/a	*witzig*
stanco/a	*müde*
svegliato	*aufgeweckt*
ubriacarsi	*sich betrinken*
ubriaco/a	*betrunken*
Vai avanti!	*Sprich weiter!*

6

A che ora?	*Um wieviel Uhr?*
l'abete (m.)	*Tanne*
l'albero (m.)	*Baum*
alle otto	*um acht*
arrivarci	*dort ankommen*
l'artista (m./f.)	*Künstler/in*
attraversare	*überqueren, durchqueren*
che lui ci deve offrire…	*dass er uns… spendieren soll.*
Che strada facciamo?	*Welche Route fahren wir?*
chissà	*wer weiß*
ci	*dort, dorthin*
ci vuole	*es braucht*
fare schifo	*ekelhaft schmecken*
la fisica spaziale	*Weltraumphysik*
la gente	*Leute*
la gita	*Ausflug, Fahrt*
(io) gli ho detto	*ich habe ihm gesagt*
I prati così verdi.	*Die Wiesen so grün.*
insegnare	*unterrichten*
inserire	*eingeben*
insomma	*letztendlich*
magnifico/a	*herrlich*
mai	*nie*
mai sentito	*nie gehört*
malato/a	*krank*
la materia	*Fach*
mettere	*legen, stellen*
Mi molli qua così? (ugs.)	*Lässt du mich hier einfach so sitzen?*
mi piace	*es gefällt mir*
mi piacerebbe	*es würde mir gefallen*
modesto/a	*bescheiden*
mollare (ugs.)	*sitzen lassen, verlassen*
il navigatore	*Navigations-system*
ne	*davon*
offrire	*spendieren*
parlare	*sprechen*
(noi) passeremo	*wir werden verbringen*
la permanenza	*Aufenthalt*
la persona importante	*wichtige Person*
il piano	*Stockwerk*
quanto	*wie viel*
Quanto mi piacerebbe.	*Wie sehr es mir gefallen würde.*
la passeggiata nel bosco	*Spaziergang im Wald*
la relazione	*Vortrag*
lo/la scienziato/a	*Wissenschaftler/in*
smettere di fare qc	*aufhören, etw zu tun*
Smettila!	*Hör auf damit!*

il	**sogno**	*Traum*
	solo/a	*allein*
	spegnere	*ausschalten*
	superlusso	*Superluxus-*
	tenere una relazione	*einen Vortrag halten*
	Ti potrò vedere.	*Ich werde dich sehen können.*
	tutta la vita	*das ganze Leben*
i	**venti solari (pl.)**	*Solarwinde*
il	**verde fresco**	*frisches Grün*
il	**viaggio**	*Reise*
	vicino a	*in der Nähe von*

7

	Alla nostra!	*Auf uns!*
	Alla tua!	*Auf dich!*
	assaggiare	*kosten, probieren*
il	**bacio**	*Kuss*
	battere	*schlagen*
	buffo/a	*komisch*
	carino/a	*nett*
	Che combinazione!	*So ein Zufall!*
	comico/a	*witzig*
	consigliare	*empfehlen*
la	**coppia**	*Paar*
la	**cravatta**	*Krawatte*
	Da questa parte.	*Hier entlang!*
	dimenticato	*vergessen*
	disturbare	*stören*
	l'entrata (f.)	*Eingang*
	fare una doccia	*sich duschen*
il	**gradimento**	*Zufriedenheit, Wohlgefallen*
	gradire	*mögen*
	Gradite un aperitivo?	*Wünschen/ Möchten Sie einen Aperitif?*
i	**lampadari (pl.)**	*Kronleuchter*
il	**lavoro**	*Arbeit*
	Li batte tutti. (ugs.)	*Er/Sie/Es schlägt sie alle.*
	molto lieto/a	*sehr erfreut*
il	**palazzo**	*Palast*
il	**panorama sul lago**	*Blick auf den See*
il	**pavimento di marmo**	*Marmorfußboden*
le	**piante a ogni angolo**	*Pflanzen an jeder Ecke*
le	**scarpe (pl.)**	*Schuhe*
lo/la	**scienziato/a preferito/a**	*Lieblingswissenschaftler/in*
la	**sorpresa**	*Überraschung*
	sparire	*verschwinden*
	sparito/a	*verschwunden*
	Sto morendo di fame. (ugs.)	*Ich bin am Verhungern.*
	subito	*sofort*
	telefonare a qn	*jdn anrufen*
il	**treno**	*Zug*
il	**posto carino**	*nettes Lokal*
	vestirsi	*sich anziehen*
(io)	**(mi) vesto**	*ich ziehe mich an*

8

	abitare	*wohnen*
	affumicato/a	*geräuchert*
	al posto di	*anstatt*
	l'ammiratore/ -trice (m./f.)	*Fan*
	anch'io	*ich auch*
	l'arrosto (m.)	*Braten*
	assieme	*zusammen*
	bene	*gut*
	bere	*trinken*
	cantare	*singen*
la	**canzone**	*Lied*

la	**cena di lavoro**	*geschäftliches Abendessen, Geschäftsessen*
il	**cren**	*Meerrettich*
	davvero	*wirklich*
la	**differenza**	*Unterschied*
	enorme	*enorm*
l'	**erba (f.) cipollina**	*Schnittlauch*
(io)	**ho pensato**	*ich habe gedacht*
la	**metropolitana**	*U-Bahn, S-Bahn*
	Mi dispiace.	*Es tut mir leid.*
	Mi dovete scusare.	*Ihr müsst mich entschuldigen.*
	neanch'io	*ich auch nicht*
	Non la conosco.	*Ich kenne sie nicht.*
il	**numero di telefono**	*Telefonnummer*
il	**parcheggio**	*Parkplatz*
la	**patata**	*Kartoffel*
	pazzesco/a	*verrückt*
	Peccato!	*Schade!*
il	**peccato**	*Sünde*
il	**piatto**	*Gericht*
il	**rafano**	*Meerrettich*
	sbagliarsi	*sich irren, sich täuschen*
	scritto	*geschrieben*
	scrivere	*schreiben*
	semplice	*einfach*
	tanti saluti da ...	*viele Grüße von ...*
	Ti stai sbagliando.	*Du irrst dich gerade.*
	Ti voglio bene.	*Ich habe dich gern.*
	tornare	*zurückkehren*
	tornare a cantare	*wieder singen*
	tornare a fare qc	*etw wieder machen*
(io)	**tornerò**	*ich werde zurückkehren*
la	**trota**	*Forelle*
	usare	*benutzen, verwenden*
la	**verdura**	*Gemüse*
il	**vino bianco**	*Weißwein*
la	**zuppa**	*Suppe*

9

l'	**amore (m.)**	*Geliebte/r, Liebling, Schatz*
	avere bisogno di qc	*etw brauchen*
	benvenuto/a	*willkommen*
	cominciare	*anfangen*
	Cosa metterai?	*Was wirst du anziehen?*
	da lontano	*aus der Ferne*
la	**domanda**	*Frage*
	domandare	*fragen*
	dopo	*nachher*
	Entrate!	*Kommt herein!*
	Forse hai ragione.	*Vielleicht hast du recht.*
	forte	*stark*
	francese	*Französisch*
le	**frontiere (pl.)**	*Grenzen*
	Io ho sempre ragione.	*Ich habe immer recht.*
	lassù	*dort oben*
	lavarsi	*sich waschen*
	lavarsi i denti	*sich die Zähne putzen*
	leggere	*lesen*
il	**limite**	*Grenze*
(io)	**metterò**	*ich werde anziehen*
la	**parola**	*Wort*

	Perché?	*Warum?*
il	**pezzo**	*Stück*
il	**pezzo di formaggio**	*Stück Käse*
il	**pezzo di musica**	*Musikstück*
il	**pezzo di sapone**	*Stück Seife*
	pranzare	*(zu) Mittag essen*
	presto	*bald*
la	**pronuncia**	*Aussprache*
	provare	*üben*
	qualche	*einige*
	rivederla	*Sie wiederzusehen*
	scorrere nel mondo	*in die Welt (hinaus) strömen*
	senza di te	*ohne dich*
la	**sera**	*Abend*
	soffiare	*wehen*
	stasera	*heute Abend*
(lui/lei)	**suonerà**	*er/sie wird spielen*
(tu)	**suonerai**	*du wirst spielen*
(loro)	**suoneranno**	*sie werden spielen*
(noi)	**suoneremo**	*wir werden spielen*
(voi)	**suonerete**	*ihr werdet spielen*
(io)	**suonerò**	*ich werde spielen*
	Ti prego!	*Ich bitte dich!*
	tutto il tempo che vuoi	*so lange du willst*
	tutto quanto	*ganz, vollkommen*
	uguale	*gleich*
	ultimo/a	*letzte/r/s*
il	**vento**	*Wind*
la	**vita**	*Leben*

BILDNACHWEIS

Umschlag:
Ladzha/Shutterstock; AMR Image/Getty Images

S. 19: primiaou/Shutterstock; **S. 31, 119.2:** redchocolate/Shutterstock; **S. 44:** Mariia Kugergina/Shutterstock; **S. 60:** kyuree/Getty Images; **S. 72:** GooseFrol/Shutterstock; **S. 84:** redchocolate/Shutterstock; **S. 96:** Natasha Pankina/Shutterstock; **S. 108:** Netkoff/Shutterstock; **S. 119.1:** primiaou/Shutterstock